RÉPUBLIQU[E] FRANÇAISE

NOTICES

GÉOGRAPHIQUES

MÉTÉOROLOGIQUES

AGRICOLES

COMMERCIALES

INDUSTRIELLES

ET

MINIÈRES

DES COLONIES FRANÇAISES

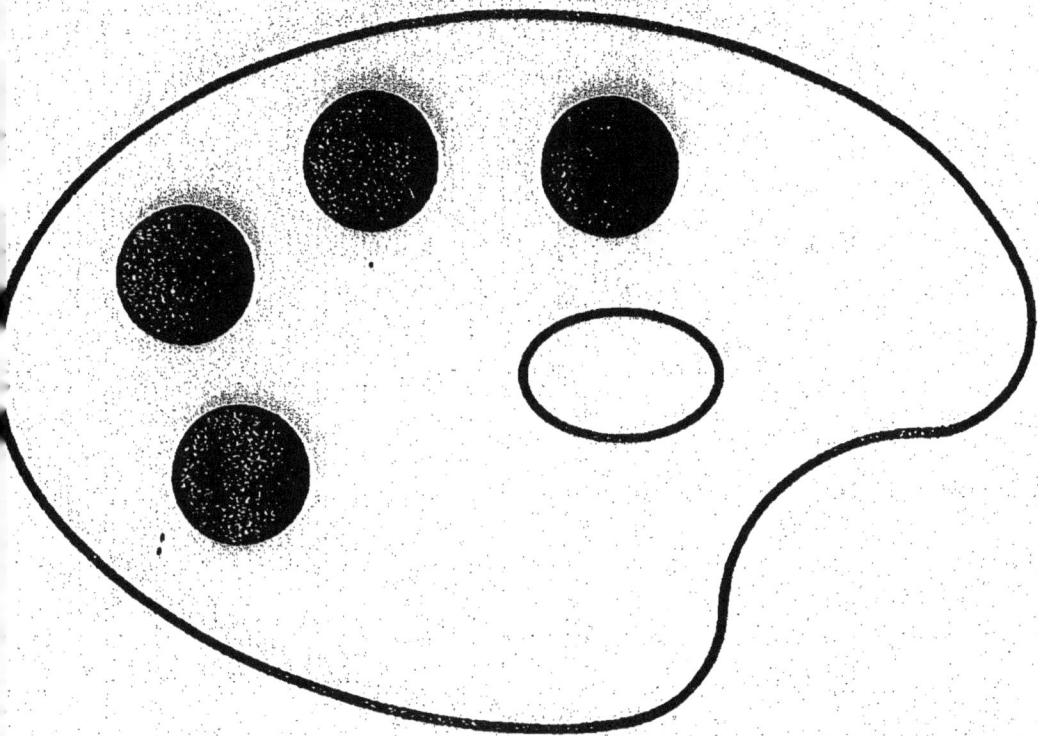

DOMAINE COLONIAL DE LA FRANCE

DOMAINE COLONIAL DE LA FRANCE

(NON COMPRIS L'ALGÉRIE ET LA TUNISIE)

POPULATION ET SUPERFICIE DES COLONIES FRANÇAISES

NOMS DES COLONIES	POPULATION	SUPERFICIE kilom. carrés
AMÉRIQUE		
Martinique..........................	170,000	988
Guadeloupe et dépendances..............	180,000	1,870
Guyane française....................	26,502	13,087
Saint-Pierre et Miquelon...............	6,300	225
AFRIQUE		
Réunion............................	180,000	2,500
Sainte-Marie........................	8,000	165
Diégo-Suarez........................	3,000	En disc.
Nossi-Bé...........................	11,000	293
Mayotte............................	10,000	386
Comores............................	53,000	1,766
Obock..............................	22,000	10,000
Sénégal et dépendances................	3,000,000	805,000
Congo et Gabon......................	»	600,000
ASIE		
Indo-Chine (Tonkin, Annam, Cambodge, Cochinchine).	18,000,000	510,000
Inde	275,000	508
OCÉANIE		
Tahiti et dépendances.................	26,500	1,200
Calédonie et dépendances..............	57,000	2,400
Wallis..............................	3,500	»
Futuna	»	»
Nouvelles-Hébrides (protection mixte).........	64,000	13,000

Les colonies françaises, sans tenir compte de l'Algérie et de la Tunisie, représentent une superficie de 2,000,000 de kilomètres carrés et renferment une population de 22,000,000 d'habitants, le Congo non compris. Elles fournissent à la France plus de 100 millions de marchandises. Ce chiffre n'est pas même la moitié de leur commerce total, et elles réalisent 127 millions de francs avec les produits vendus à l'étranger.

La Martinique et la Guadeloupe sont celles des colonies qui rapportent le plus; chacune fournit par an pour 17 millions de marchandises: sucre, cacao, campêche, eaux-de-vie, oiseaux, fruits conservés.

L'Inde vient ensuite, avec son rapport de 16 millions, consistant en café, pistaches et huiles de pistaches, poivre, tamarin, tissus, peaux.

Saint-Pierre et Miquelon envoient pour 15 millions de morue et d'huile de foie de morue.

Le Sénégal fournit pour 11 millions d'oiseaux, de plumes, de gomme, d'arachides et de fruits.

La Réunion concourt aux importations françaises pour 10 millions de sucre, de vanille.

La Guyane produit 5 millions d'or, de plumes, de cacao.

Ensemble, les autres colonies font un apport de 8 millions.

Le mouvement annuel des importations et des exportations pour les colonies françaises représente 474 millions de francs.

COLONIES FRANÇAISES DE L'AMÉRIQUE

—◆—

Martinique

◆

Guadeloupe et Dépendances

◆

Guyane Française

◆

Saint-Pierre et Miquelon

MARTINIQUE

MARTINIQUE

—

SITUATION GÉOGRAPHIQUE

La Martinique est située dans la mer des Antilles, vis-à-vis de l'isthme de Panama, par 14° 23' 20" — 14° 52' 47" latitude N. et 63° 6' 19" — 63° 31' 32" longitude O.

De forme oblongue, aux côtes E. et S.-O. fort découpées, l'île mesure 80 kilomètres de longueur, 31 kilomètres de largeur moyenne et 350 kilomètres de circonférence, non compris les caps, dont l'un dit *Pointe de la Caravelle*, s'avance de près de trois lieues dans la mer. Sa superficie est de 98,782 hectares, dont plus des deux tiers en montagnes : 42,445 hectares seulement sont cultivés.

Elle est remarquable par sa fertilité ; son sol est très varié : il est, en effet, tantôt argileux ou ponceux, tantôt rocailleux ou tufacé ; d'autres fois calcaire ou mélangé, marécageux ou alluvionnaire.

L'île est arrosée par de nombreux cours d'eau auxquels on donnerait à peine le nom de rivières dans les temps de sécheresse, mais qui se transforment en torrents impétueux dans la saison des pluies. Parmi les principaux on peut citer : la Capote, le Lorrain, le Galion, la Lézarde, le Céron ; il faut ajouter au petit nombre de ces cours d'eau, la rivière Pilote, la rivière Salée, la rivière Longvilliers ou canal du Lamentin, la rivière Monsieur, la rivière Madame, la rivière du François, qui sont canalisés ou navigables, mais pour les embarcations d'un faible tirant d'eau seulement.

CLIMAT, MÉTÉOROLOGIE

Le climat de la Martinique est celui des pays intertropicaux. L'année peut être divisée en trois saisons bien distinctes et de durée irrégulière : la saison fraîche, la saison chaude et sèche, la saison chaude et pluvieuse.

La saison fraîche commence en décembre et finit en mars ; la hauteur moyenne du baromètre est 761,7, et son oscillation diurne de 1,8 ; le thermomètre marque de 21° *minimum* à 28°7 *maximum* ; la température moyenne est de 21°4, l'humidité relative de l'atmosphère de 75 centièmes, et il tombe 475 millimètres d'eau : c'est le printemps.

La saison chaude et sèche commence en avril et finit en juillet; la hauteur moyenne du baromètre est de 762,6, et son oscillation diurne de 1,4; le thermomètre marque de 22°9 *minimum* à 31°8 *maximum*; la température moyenne est de 26°08, l'humidité relative de l'atmosphère de 60 centièmes, et il tombe 140 millimètres d'eau : c'est l'été.

La saison chaude et pluvieuse commence en juillet et se prolonge jusqu'en novembre, la hauteur moyenne du baromètre est de 761,6, et son oscillation diurne de 1,3; le thermomètre marque de 23°4 *minimum* à 31°4 *maximum*; la température moyenne est de 27°4; l'humidité relative de l'atmosphère de 76 centièmes, et il tombe 1,121 millimètres d'eau : c'est l'hivernage.

La température moyenne de 24°4 à 27°4 est celle du littoral à Saint-Pierre et à Fort-de-France; mais dans l'intérieur des terres, au-dessus du niveau de la mer, elle se modifie d'une manière sensible : ainsi, à l'altitude de 250 à 500 mètres, elle est de 18° à 21° et tient à la fois du climat chaud et du climat tempéré.

AGRICULTURE

COMMERCE ET INDUSTRIE

Produits importés dans la colonie. — Produits exportés de la colonie.

MINES

Cultures de la colonie. — Cannes à sucre, caféiers, cotonniers, cacaoyers, tabac, manioc, ignames, choux caraïbes, patates, couscous, légumes, bananes, fruits à pain.

Importations dans la colonie. — Mules et mulets, bœufs, viande, engrais, poissons, grains, légumes, fruits, sucre, café, cacao, tabacs, huiles, bois, chaux, houille, produits chimiques, médicaments, vins, bières, liqueurs, poteries, cristaux, tissus, papier, meubles, bimbeloterie, ouvrages en peau, ouvrages en or et en argent, instruments aratoires, ouvrages de sparterie, vannerie et corderie, ouvrages de modes.

Exportations de la colonie. — Engrais, riz, sucre, café, cacao, vanille, casse, tamarins, ambrette, bois, or et argent, fer, cuivre, vins, liqueurs, rhum, poteries, tissus, monnaies, huile d'olive, peaux brutes, mules et mulets, beurre salé, nitrate de potasse.

Agriculture.

Sur les propriétés dites vivrières on cultive principalement le manioc pour la farine qui s'en extrait et est consommée dans le pays, les racines féculentes telles que le chou caraïbe, la patate et l'igname, et aussi des fruits et légumes qui sont également consommés dans le pays. Leur production n'a pu être évaluée.

La production des plantations de cacaoyer, entièrement exportée, est de environ 600,000 kilos par an; celle des caféières est évaluée à 90,000 kilos. Celle-ci se déduit de la consommation locale, évaluée à 180,000 kilos, et de l'importation et de l'exportation moyennes, la première étant de 100,000 kilos et la seconde de 3,000 kilos

				Proportion pour 100.
SANS CULTURES..	45,900 hectares.	Forêts et bois..........	23,710 hectares	21.37
		Palétuviers.............	2,649 —	2.38
		Savanes et friches......	19,286 —	17.37
		Villes bourgs et forts ...	255 —	0.23
CULTURES.......	65,001 hectares.	Vivres.................	13.453 hectares	12.12
		Cacao et café...........	2,090 —	1.89
		Cannes à sucre........	49,548 —	41.64
TOTAUX	111,000 hectares.		111,000 hectares	100.00

Les surfaces des voies de communication existantes sont comprises dans les chiffres ci-dessus, n'ayant pas été déduites de chacune des catégories du territoire qu'elles traversent. Il en est de même pour les cours d'eau.

Commerce et Industrie.

Presque tout le mouvement commercial se fait par Saint-Pierre; Fort-de-France, la Trinité, le Marin et le François occupent une position secondaire, par comparaison.

Les autres ports ne sont pas ouverts au commerce étranger; ils ne reçoivent que de petits caboteurs. Les navires qui viennent apporter aux usines du matériel ou prendre des chargements de sucre, ne peuvent entrer dans ces ports qu'en vertu d'une autorisation spéciale du service des douanes de la colonie.

Les principales essences de bois utilisées dans les constructions sont le balata, l'acomat (bois durs), le poirier, le bois de rivière, le mangle rouge, l'acajou, le pain d'épice, le bois d'Inde. Le balata, excellent bois dur, est devenu extrêmement rare Il en est de même de l'acomat. Le poirier s'emploie principalement pour les pilotis à la mer. Il existe d'assez nombreuses essences utilisées dans l'ébénisterie ou propres à cette industrie, mais elles ne sont pas exploitées pour l'exportation.

On tire des bois du Diamant et de Sainte-Luce des traverses pour l'entretien d'une partie des voies ferrées des usines; les palétuviers fournissent le chauffage des boulangeries.

La production du charbon de bois peut s'évaluer à 1,400,000 hectolitres par an; elle est consommée dans le pays pour les usages domestiques.

La production du campêche, entièrement exportée, est de 300,000 kilogrammes par an. Celle de la casse, de 200,000 kilos.

La production du bétail est minime et n'entre que pour une faible proportion dans la consommation locale. La plupart des bœufs de boucherie et de travail sont importés de Porto-Rico.

Mines.

La colonie ne possède qu'une seule industrie minière, encore peu développée, et consistant à extraire du sable de la mer un minerai de fer au moyen de machines magnéto-électriques.

Plusieurs plages, en effet, des quartiers du Prêcheur, du Lorrain et de Sainte-Marie sont composées de sables très riches en oxyde de fer.

GUADELOUPE

ET DÉPENDANCES

GUADELOUPE ET DÉPENDANCES

L'île de la Guadeloupe se trouve au centre du cercle formé par la chaîne des petites Antilles, en Amérique, entre 15° 59' 30" et 16° 14' 12" de latitude N., et à 64° 4' 22" et 63° 51' 32" de longitude O.

Elle est divisée en deux parties par un bras de mer que les premiers colons ont appelé Rivière-Salée, parce que son lit n'est pas plus grand que celui d'une rivière. Ce bras de mer, profond entre ses rivages, dont la largeur varie de 30 à 120 mètres, n'est navigable que pour les navires d'un très faible tonnage, à cause des hauts-fonds qui se dressent devant chacune de ses extrémités ou embouchures et palétuviers qui croissent sur ses bords.

La partie située à l'O. de ce détroit est désignée sous le nom de Guadeloupe proprement dite, et celle qui s'étend à l'E., sous celui de Grande-Terre.

GUADELOUPE PROPREMENT DITE

Cette île a la forme d'un ovale irrégulier, disposé N. et S. Son plus grand diamètre est vers le N. et elle finit presque en pointe vers le S. Elle a une circonférence de 180 kilomètres.

GRANDE-TERRE

La Grande-Terre a la forme d'un triangle ayant 48 kilomètres de l'E. au N.-O., 28 kilomètres du N. au S. Sa circonférence est de 264 kilomètres et elle porte deux branches assez étendues au N. et à l'E. Son extrémité orientale se termine par une langue de terre qui diminue de largeur en se prolongeant vers l'E. et forme une pointe de rochers basaltiques, façonnés en aiguilles ou en clochers, désignée sous le nom de Pointe-des-Châteaux.

Les deux îles qui forment la Guadeloupe ont ensemble une circonférence de 444 kilomètres.

La Guadeloupe a cinq dépendances .

Marie-Galante, les Saintes, la Désirade, Saint-Martin, Saint-Barthélemy.

CLIMAT, MÉTÉOROLOGIE

Le climat est doux et la chaleur supportable. La température moyenne est de 26° centigrades; le maximum de son élévation varie, suivant la saison, entre 30 et 32° à l'ombre et le minimum entre 20 et 22°. La chaleur est tempérée par deux brises régulières et alternatives : celle de mer, qui souffle depuis le lever jusqu'au coucher du soleil et s'accroît à mesure que le soleil monte à l'horizon, et celle de terre, qui commence à souffler entre six et sept heures du soir et dure presque toute la nuit.

La température des Antilles est soumise à des variations dont l'action diffère de celle des variations de la température dans la métropole. « Ces variations, disait, en 1819, Moreau de Jonnès, sont plus régulières, plus rapides et moins grandes; elles suivent avec exactitude le cours du soleil et se rapprochent beaucoup de celles qu'éprouve l'atmosphère pélagique. » L'éminent géologue Sainte-Claire Deville écrivait en 1843 : « Les lois qui régissent les variations dans la pression de l'atmosphère sont, aux Antilles, d'une telle régularité qu'il suffirait certainement d'un fort petit nombre d'années de bonnes observations sédentaires pour les établir d'une manière parfaite. »

Moreau de Jonnès avait déclaré que le terme moyen des variations diverses du thermomètre était à peu près de 5°.

Sainte-Claire Deville a trouvé 5°,43.

Généralement, on admet que deux saisons partagent l'année : l'une plus fraîche et plus sèche, de décembre à mai, pendant laquelle la végétation se repose, certains arbres se dépouillent de leurs feuilles; l'autre plus chaude et plus humide, de juin à novembre, époque des pluies et des chaleurs, partagée par les trois mois d'hivernage, de juillet à octobre, époque de pluies diluviennes et d'ouragans dévastateurs.

Thibault de Chanvalon a, le premier, fait remarquer que cette distinction était trop absolue, et que, si l'on observait avec soin la marche de la végétation et les variations de la température, on constaterait que les modifications ont lieu aux mêmes époques et dans le même sens qu'en Europe. « Cette imitation, quoique peu sensible, l'est assez pour faire distinguer diverses saisons dans l'année constamment caractérisées. »

AGRICULTURE

COMMERCE ET INDUSTRIE

Produits importés dans la colonie. — Produits exportés de la colonie.

Cultures de la colonie. — Cannes à sucre, caféiers, cotonniers, cacaoyers, poivriers, girofliers, vanilliers, tabac, rocouyers, casse, fourrages, campêche, fécul de dictame, copal, ramie, ananas, manioc, bananes, maïs, ignames, malangas, pois, couscous.

Importations dans la colonie. — Animaux vivants, produits et dépouilles d'animaux, pêches, farineux alimentaires, fruits et graines, denrées coloniales de consommation, huiles et sucs végétaux, espèces médicinales, bois, fruits, tiges et filaments à ouvrer, pierres, terres et combustibles minéraux, produits et déchets divers, teintures et tanins, métaux, produits chimiques, teintures préparées, couleurs, compositions diverses, boissons, poteries, verres et cristaux, fils, tissus, papier et ses applications, peaux et pelleteries ouvrées, ouvrages en métaux, armes, poudres et munitions, meubles, ouvrages en bois, instruments de musique, ouvrages de sparterie, vannerie et corderie, ouvrages en matières diverses.

Exportations de la colonie. — Animaux vivants, produits et dépouilles d'animaux, poissons, matières dures à tailler, fruits, café, cacao, tabac, vanille, huiles, gingembre, tamarins, bois, légumes, fer, cuivre, zinc, plomb, rocou, parfumerie, vins, liqueurs, rhum, faïence, porcelaine, verreries, fils, dentelles, cuirs, bijoux, monnaies, armes, poudres, munitions, balais, cordages, instruments d'optique, appareils électriques, bimbeloterie, mercerie.

Commerce.

Dans chacun des ports de la Pointe-à-Pitre, de la Basse-Terre, du Moule et du Grand-Bourg (Marie-Galante), il existe un entrepôt réel des douanes, où sont admises les marchandises de toutes provenances, même celles qui seraient prohibées à leur entrée dans la colonie. L'entrepôt a lieu à charge de réexporter les marchandises ou d'en payer les droits à l'expiration du délai d'entrepôt, délai qui est de trois ans. Un droit de magasinage est perçu sur les marchandises à leur sortie d'entrepôt.

GUYANE FRANÇAISE

GUYANE FRANÇAISE

SITUATION GÉOGRAPHIQUE

La Guyane française est une portion de cette vaste contrée de l'Amérique méridionale qui s'étend entre l'Orénoque et le fleuve des Amazones. Comprise entre les 2° et 6° de latitude N. et entre les 52° et 57° de longitude O. de Paris, elle est bornée : au N.-E., par l'Océan Atlantique; au N.-O. et à l'O. par le Maroni, qui la sépare de la Guyane hollandaise et par les pays intérieurs, encore peu connus, situés au-delà du Rio-Branco. Au S., la limite n'est pas encore exactement déterminée.

Le vague des limites de la Guyane française ne permet pas de déterminer exactement l'étendue de son territoire. On peut dire seulement que la longueur de ses côtes, depuis le Maroni jusqu'à la rivière Vincent-Pinçon, est de 500 kilomètres, sur une profondeur qui, poussée jusqu'au Rio-Branco, affluent des Amazones, ne serait pas moindre de 1,200 kilomètres et donnerait alors une superficie triangulaire de plus de 18,000 lieues carrées. La superficie des dix communes de la colonie donne un ensemble de 1,308,739 hectares.

On distingue les terres de la Guyane en terres hautes et en terres basses. Celles-ci occupent tout le littoral et s'étendent jusqu'aux premiers sauts des rivières; elles sont formées de terres alluviales, dont une partie est cultivée et l'autre est en savanes sèches ou noyées.

CLIMAT, MÉTÉOROLOGIE

Le caractère essentiel du climat de la Guyane est la chaleur unie à l'humidité.

Bien qu'elle soit comprise entre le 2° degré et le 6° de latitude N., c'est-à-dire près de l'équateur, la Guyane française jouit d'une température peu élevée, si on la compare à celle des autres contrées placées dans les mêmes conditions topographiques.

Le thermomètre y oscille entre 20° et 35°; mais, habituellement, il se maintient entre 26° et 30°.

L'état hygrométrique de l'air est en moyenne de 90°; le minimum de 65°, le maximum de 97°.

On ne connaît que deux saisons à la Guyane : la saison sèche ou été et la saison des pluies ou hivernage.

La saison sèche dure environ cinq mois, de juin en novembre, et se prolonge, souvent accompagnée de quelques grains, jusqu'à la fin de décembre. En général, dans cette partie de l'année, la sécheresse est extrême.

La saison des pluies dure en général de six à sept mois. Elle commence dans le mois de novembre pour ne finir qu'en juin avec des intervalles de beau temps de plusieurs jours et, vers la fin de février, de plusieurs semaines. C'est l'été de mars.

Telle est l'économie normale des saisons à la Guyane; mais quelquefois elles ne sont pas aussi régulières, et, comme cela est arrivé pour la saison des pluies (1876-1877) et comme cela a eu lieu encore pour l'hivernage de 1884-1885, ces pluies font quelquefois pour ainsi dire défaut.

Les orages sont très rares.

AGRICULTURE

COMMERCE ET INDUSTRIE

Produits importés dans la colonie. — Produits exportés de la colonie.

MINES

Cultures de la colonie. — Cannes à sucre, caféiers, cotonniers, cacaoyers, girofliers, rocouyers, poivriers, muscadiers, cannoliers, cocotiers, carapas et graines oléagineuses, fourrages, vivres et riz.

Importations dans la colonie. — Animaux vivants, produits et dépouilles d'animaux, pêches, farines alimentaires, fruits et graines, denrées coloniales, sucs végétaux, espèces médicinales, bois communs, fruits, tiges et filaments à ouvrer, produits et déchets divers, pierres, terres et combustibles minéraux, métaux, produits chimiques, couleurs, compositions diverses, boissons, vitrifications, fils, tissus, papier et ses applications, ouvrages en matières diverses.

Exportations de la colonie. — Crin, cacao, café, or natif, vieux métaux, rocou, eau-de-vie, tissus, meubles, peaux salées de bœuf, vessies natatoires.

Commerce.

Bien que les côtes de la Guyane offrent aux marins plus d'un excellent abri, notamment à l'embouchure des principaux fleuves qui l'arrosent, c'est encore dans le port de Cayenne que se centralise actuellement tout le mouvement des importations et des exportations.

Les relations commerciales qui entretiennent ce mouvement ont lieu principalement avec Nantes, Marseille, Bordeaux, les Antilles françaises, le Brésil et les États-Unis.

Les relations de la colonie avec le Brésil vont sans doute recevoir une extension considérable, par suite de la création d'un service à vapeur destiné à mettre la Guyane en communication périodique avec le Para, et à la faire ainsi participer au grand mouvement dont le bassin de l'Amazone est le centre.

Mines.

Indépendamment des nombreuses mines d'or, on s'occupe de la recherche des filons de quartz aurifère dont on a reconnu l'existence sur presque tous les points de la colonie. Des échantillons de ce quartz, soumis à l'analyse, ont donné des résultats tellement satisfaisants, qu'au dire des hommes compétents, les mines de la Guyane sont appelées à une prospérité au moins égale à celle de Caratal, dans le Venezuela.

L'évacuation de la région située entre l'Avva et le Tapanahoni, dite *Territoire contesté*, a amené une légère diminution dans la production de l'or.

Au 30 avril 1889 l'exportation du précieux métal s'élevait à........ 570k,652
l'année dernière, à la même date, la douane avait enregistré à la
sortie... 581k,430

Différence en moins....................... 10k,778

SAINT-PIERRE ET MIQUELON

ILES SAINT-PIERRE ET MIQUELON

SITUATION GÉOGRAPHIQUE.

Les îles Saint-Pierre et Miquelon sont situées dans l'Océan Atlantique, à 5 ou 6 lieues de la côte méridionale de l'île de Terre-Neuve. On évalue approximativement leur distance du port de Brest à 3,700 kilomètres.

L'île Saint-Pierre se trouve par 46° 46' de latitude N. et 58° 30' de longitude O. du méridien de Paris. Sa forme est très irrégulière, haute et escarpée depuis le Cap-à-l'Aigle, en allant vers l'est, le nord et l'ouest, jusqu'à la Pointe-de-Savoyard, s'infléchissant, au contraire, vers la partie des terres dominées par la tête de Galantry. Sa longueur est de 7 kilomètres 1/2, sa largeur de 5 kilomètres 1/2, sa circonférence de 26 kilomètres et sa surface de 2,600 hectares.

L'île Miquelon, située par 47° 4' de latitude N. et 58° 40' de longitude O. du méridien de Paris, se divise en deux parties : la Grande-Miquelon et la Petite-Miquelon, plus communément appelée Langlade. Ces deux parties sont soudées l'une à l'autre par une dune de sable de neuf à dix kilomètres de longueur, très étroite dans sa partie moyenne (environ 300 mètres de large), mais prenant quelque développement à ses deux extrémités.

La Petite-Miquelon (Langlade) n'est distante de Saint-Pierre que par une étendue de mer d'environ une lieue de largeur, appelée très improprement par les gens du pays la baie. La qualification de canal serait plus exacte. Ce canal ou cette baie présente parfois des difficultés pour sa traversée. La houle y est très forte quand les vents soufflent de la partie S.-E. ou du N.-E. Il arrive fréquemment, pendant la mauvaise saison, que les communications soient interrompues entre Saint-Pierre et les deux Miquelon. En outre, en passant le long des hautes terres, il y a à se méfier des risées de tous les bords qui peuvent abattre une faible embarcation, la démâter et la faire chavirer.

Il n'existe le long des côtes de Langlade que des mouillages accidentels selon le vent qui souffle. A la partie sud de la Grande-Miquelon s'ouvre le Grand-Barachois, vaste étang de deux milles de large, qui communique avec la mer par un goulet fort étroit que peuvent seules franchir les goëlettes d'un faible tonnage, et encore faut-il, pour que cet accès soit possible, choisir le moment. Enfin Miquelon offre comme point de relâche le mouillage de son anse, remarquable par l'ampleur de sa courbe, mais ses harmonieuses proportions ne suffisent pas à racheter le peu de sûreté qu'on y trouve.

Dans toute la colonie, il n'y a que Saint-Pierre dont la rade puisse abriter les grands navires.

CLIMAT, MÉTÉOROLOGIE

Situées sous une latitude moins septentrionale qu'une grande partie de la France, les îles Saint-Pierre et Miquelon se trouvent, au point de vue météorologique, placées dans la zone froide sur la ligne isotherme qui, passant au nord des Féroë, a pour moyenne annuelle 5° au-dessus de zéro. Toutefois, ces îles n'ont point, comme certains pays situés sur cette même ligne, les étés de Paris et les hivers de Pétersbourg : l'été est sans chaleur, c'est l'été d'Arkhangel ; l'hiver est plus long que rigoureux, c'est l'hiver du sud de la Suède.

Si le thermomètre descend quelquefois à 20° au-dessous de zéro, on l'a vu descendre beaucoup plus bas; ce ne sont là que des faits exceptionnels, et l'on peut dire que les plus basses températures varient entre 14 et 16° centigrades. Ce sont là, il est vrai, des froids assez raisonnables, mais comme ils coïncident, en général, avec un beau temps, peu ou point de vent, un ciel serein, ils sont aisément endurés, et ceux qui les supportent le mieux sont ceux-là mêmes qui sont depuis moins longtemps dans la colonie, comme si, suivant l'observation, de M. Charles Martins, la provision de chaleur faite, pendant de longues années, ne s'épuisait qu'à la longue, de même qu'un individu qui sort d'un appartement bien chauffé sent beaucoup moins le froid extérieur que celui qui est resté dans une chambre dont la température diffère peu de celle du dehors. En été, la température ne s'élève jamais à plus de 21°; elle est assez uniforme et les oscillations thermométriques ont peu d'étendue. En hiver, l'amplitude de ces mêmes oscillations est considérable et les changements de temps sont brusques et fréquents. Il n'est pas rare de voir, dans l'espace de vingt-quatre heures, le thermomètre monter de 15 à 16° au-dessous à 3 ou 4° au-dessus, et ce qui pourrait paraître extraordinaire au premier abord, si l'on ne réfléchissait à la grande différence qui existe entre le froid thermométrique et le froid physiologique, cette dernière température est souvent plus pénible que la première, car, déterminant la fusion partielle des masses énormes de neige qui recouvrent le sol, elle est inévitablement accompagnée d'une humidité excessive.

COMMERCE ET INDUSTRIE

Produits importés dans la colonie. — Produits exportés de la colonie.

MINES

Importations dans la colonie. — Animaux vivants, produits et dépouilles d'animaux, farineux alimentaires, fruits et graines, denrées coloniales de consommation, sucs végétaux, bois communs, fruits, tiges et filaments à ouvrer, produits et déchets divers, pierres, terres et combustibles minéraux, métaux, produits chimiques, couleurs, compositions diverses, boissons, vitrifications, tissus, papier et ses applications, ouvrages en matières diverses.

Exportations de la colonie. — Viandes, morues, issues de morues, rognes de morues, huile de morue, légumes, raisins secs, café, sucre, poivre, tabac, thé, huiles, bois, houille, fer, étain, plomb, chocolats, vins, liqueurs, rhum, tafia, tissus, passementerie, rubanerie, bonneterie, chapellerie, homards en conserve.

Il y a à Miquelon des minières de terre de Sienne ou ocre jaune, des schistes ardoisiers ont été découverts sur Langlade. Les ardoises dures sont rouges, violettes et vertes, pareilles à celles de Fumay (Ardennes).

Commerce.

Il existe deux ports dans la colonie : Saint-Pierre (le chef-lieu) et Miquelon (port annexe de Saint-Pierre).

Le marché principal est Saint-Pierre, et le seul proprement dit. C'est là que se centralisent les affaires et se déposent les produits de pêche et autres, les objets, matières et denrées destinés à la consommation locale ou à être réexportés. Mais la colonie a des rapports constants, des relations suivies avec le continent américain.

Elle entretient aussi des relations, peu importantes, il est vrai, avec Saint-Jean de Terre-Neuve. C'est en Amérique, que le commerce local s'approvisionne des farines et légumes, des bois, matériaux à bâtir, des meubles, matières de toutes sortes pour la construction des navires, etc., et qu'il écoule, en grande partie, les produits de la pêche.

COLONIES FRANÇAISES DE L'AFRIQUE

—◆—

SÉNÉGAL ET DÉPENDANCES

◆

RIVIÈRES DU SUD

◆

ÉTABLISSEMENTS FRANÇAIS DU GOLFE DE BÉNIN

◆

SOUDAN FRANÇAIS

◆

Congo-Gabon

◆

Mayotte

◆

Diégo-Suarez

NOSSI-BÉ — SAINTE-MARIE DE MADAGASCAR

◆

Madagascar

◆

Réunion

◆

Obock

SÉNÉGAL

ET DÉPENDANCES

SÉNÉGAL ET DÉPENDANCES

SITUATION GÉOGRAPHIQUE

La colonie du *Sénégal et dépendances* est située sur la côte occidentale d'Afrique. Elle s'étend sur plusieurs points de la rive gauche du fleuve d'où elle tire son nom, comprend la côte et une faible partie des vastes territoires de cette contrée africaine à laquelle les géographes ont donné le nom de Sénégambie, c'est-à-dire le pays situé entre le fleuve du Sénégal et la rivière de Gambie, et descend vers le S., le long de la côte, sur une partie des territoires baignés par les rivières situées depuis Sainte-Marie de Bathurst (cap de Bald) jusqu'à Sierra-Leone (Free-Town).

La côte d'Afrique, depuis l'embouchure du Sénégal jusqu'à Sierra-Leone, est basse, bordée d'une triple ligne de bancs de sable sur lesquels la houle de l'Océan vient briser sans cesse avec plus ou moins de force. Cette poussée continuelle des sables vers la côte forme, à l'entrée de chaque cours d'eau, des bancs que les navires ne franchissent que par les temps calmes et guidés par un pilote familiarisé avec tous les détours du chenal étroit que les courants se frayent au travers du sable.

La partie orientale, au contraire, est montagneuse et c'est du Fouta-Djalon que descendent, vers l'O. et le N., les nombreuses ramifications dont sont formés les bassins supérieurs des principaux fleuves et rivières qui se dirigent vers la côte.

Cette chaîne principale du Fouta-Djalon n'est que le prolongement du grand plateau de l'Afrique centrale. Elle forme des terrasses distinctes, des rangées de montagnes successives et plus ou moins parallèles qui se dégradent et avancent vers l'O. et vers le N. A l'O., une dernière chaîne de montagnes sépare le haut pays des contrées basses et marécageuses du littoral; au N., c'est une contrée boisée et couverte de steppes unis qui sépare ces montagnes des déserts de sable.

L'aspect général du pays situé entre le Sénégal et la Gambie, sauf les territoires du haut pays, immédiatement placés sur le bord de l'eau, est triste et désolé. Ce ne sont partout que terrains sablonneux recouverts d'une rare verdure et d'une végétation rabougrie qui ne rappelle en rien cette végétation luxuriante des pays intertropicaux. Néanmoins, le sol est fertile et, lorsque les populations indigènes qui, comme toutes celles de l'Afrique, sont relativement très peu denses, ne sont pas occupées à des guerres intestines ou religieuses, le sol se couvre de produits que de nombreuses caravanes viennent annuellement échanger à nos escales contre nos marchandises d'Europe.

Au S. de la Gambie, dès que l'on est arrivé à la rivière Casamance, l'aspect de la contrée change complètement : la verdure reparaît partout et la végétation se montre avec autant de force et d'éclat que dans les autres parties du monde, sous les mêmes latitudes.

Les principales rivières qui vont se jeter à la mer, depuis l'embouchure du Sénégal jusqu'à la colonie anglaise de Sierra-Leone (Free-Town), sont : la rivière Saloum, la Gambie, la Casamance, la rivière Cachéo ou Santo-Domingo, la rivière du Géba, le Rio-Grande, la rivière Cassini, la rivière Compony, le Rio-Nunez, le Rio-Pongo, la rivière Mellacorée, les deux Scarcies.

Depuis la Casamance jusqu'à Free-Town, un grand nombre de petites rivières se joignent aux premières pour découper cette partie de la côte ou les réunir entre elles et ne sont encore complètement connues qu'à leur embouchure.

CLIMAT, MÉTÉOROLOGIE

« Il existe au Sénégal, dit M. Borius dans ses *Recherches sur le climat du Sénégal*, deux saisons dont les phénomènes météorologiques sont tellement tranchés, que toute étude du climat de cette contrée doit prendre pour base cette division de l'année.

« La première de ces saisons, de décembre à la fin de mai, est sèche, fraîche, et serait très agréable sur les points du littoral où se trouvent les centres commerciaux, si l'on n'était souvent incommodé par les vents d'est, qui, soufflant pendant la plus grande partie de la journée, élèvent parfois la température de 20° de différence entre celle du matin et celle de l'après-midi. La partie basse du Sénégal a moins à en souffrir, et l'île de Gorée est complètement à l'abri de la chaleur qu'ils produisent, en raison de l'immense nappe d'eau qu'ils ont à traverser avant d'arriver jusqu'à elle.

« La température est d'ailleurs fort variable dans cette saison, suivant les localités; mais on peut dire qu'en général, dans les moments les plus froids, elle ne descend guère, le matin et le soir, au-dessous de 11° au-dessus de zéro; elle s'élève ensuite graduellement, dès que le soleil commence à se faire sentir, et atteint dans le milieu de la journée, les jours ordinaires, 23 à 25° à l'ombre et 35 à 36° au soleil. Quand les vents d'Est règnent, le thermomètre monte parfois à l'ombre jusqu'à 40°.

« Cette saison est saine et permettrait un acclimatement très rapide de la colonisation, si elle n'était remplacée par l'hivernage, saison si funeste aux étrangers. Dans l'intérieur, cette saison n'est douce que pendant les trois premiers mois, puis elle devient une période de chaleurs intolérables, dues au voisinage du désert, qui rendent alors l'intérieur du pays aussi dangereux à habiter que dans l'hivernage.

« Durant ces six mois de l'année, il ne tombe pas une goutte de pluie, et le Sénégal offre, on peut le dire, un aspect aride et désolé qui rappelle les bords de la mer Rouge.

« L'hivernage survient vers la fin de mai ou le milieu de juin et dure jusque vers la fin de novembre. Les quatre mois du centre de cette saison sont accompagnés de pluies torrentielles et de tornades. Cette saison est semblable à l'hivernage de la plupart des régions équatoriales et tropicales.

« Pendant toute sa durée le thermomètre se maintient entre 27 et 30°
au-dessus de zéro à l'ombre, et au soleil sa moyenne est de 40°.

« C'est au moment de la cessation des pluies que les marécages produisent,
avec plus d'énergie que jamais, cet agent dont les effets graves nous sont surtout
connus et que l'on a appelé *malaria* ou miasme paludéen. »

L'état hygrométrique de l'air, rigoureusement et fidèlement observé par M. le
docteur Borius, présente des oscillations extraordinaires qui témoignent d'une
grande irrégularité climatérique et expliquent les variations très sensibles de
chaud et de froid éprouvées par le corps humain, principalement à Gorée.

À Saint-Louis, la quantité absolue de vapeur d'eau contenue dans l'air est
double de ce qu'elle est en France; les variations de la tension de la vapeur
d'eau peuvent être de 1$^{m/m}$,80 à 31$^{m/m}$. Le climat de Saint-Louis présente donc
une extrême variabilité à l'humidité.

De même que M. Borius, nous insisterons sur les exagérations de ceux qui
affirment que la température au Sénégal atteint 50° et comme lui nous trouve-
rons ridicule l'indication du mot *Sénégal* qui apparaît invariablement au niveau
du cinquantième degré de tous les thermomètres. La plus haute température
observée à Bakel n'a pas dépassé 41°.

AGRICULTURE

COMMERCE ET INDUSTRIE

Produits importés dans la colonie. — Produits exportés de la colonie.

MINES

Cultures de la colonie. — Mil, maïs, arachides, sésames, cafés, gomme arabique, noix de palme, coton, indigo, caoutchouc.

Importations dans la colonie — Animaux vivants, produits et dépouilles d'animaux, pêches, substances propres à la médecine et à la parfumerie, matières dures à tailler, farineux alimentaires, fruits et graines, denrées coloniales de consommation, sucs végétaux, espèces médicinales, bois communs, fruits, tiges et filaments à ouvrer, teintures et tanins, produits et déchets divers, pierres, terres et combustibles minéraux, métaux, produits chimiques, teintures préparées, couleurs, compositions diverses, boissons, vitrifications, fils, tissus, papier et ses applications, ouvrages en matières diverses, instruments de musique.

Exportations de la colonie. — Animaux vivants, produits et dépouilles d'animaux, poissons, cornes, dents d'éléphant, arachides, amandes de palme, tabacs, thé, café, gommes, caoutchouc, huiles, coton, étoupes, fers, produits chimiques, indigo, parfumeries, cigares, verreries, faïences, vannerie, bijouterie, objets de collection.

Les gisements métallurgiques du Haut-Sénégal, dans les pays de Bondou et du Bouré, comprennent l'or, l'argent, le mercure, le cuivre et le fer.

Agriculture.

L'agriculture, entièrement laissée aux mains des indigènes, après être restée longtemps à l'état rudimentaire, a fait des progrès sensibles depuis plusieurs années.

Le gouvernement de la colonie persuadé, du reste, des immenses ressources que pourraient procurer au pays cette branche du commerce, concentre tous ses efforts pour encourager et protéger ceux qui se livrent à la culture.

La société d'agriculture n'existe pour ainsi dire plus, et l'administration s'occupe en ce moment de la reconstituer.

Si l'agriculture proprement dite est encore à l'état d'enfance, il faut reconnaître pourtant que, depuis quelques années, de nombreux habitants font, notamment dans la banlieue de Saint-Louis, d'importantes plantations de cocotiers et autres arbres, qui avant peu, auront le double avantage du rapport et de l'agrément. Si nous jetons nos regards du côté du Cayor, nous y verrons que ce pays, récemment mis sous notre protectorat, cultive l'arachide, qui constitue une des plus grandes richesses du Sénégal. On y cultive également du mil en grande quantité.

A mesure que le voyageur remonte le fleuve du Sénégal, il est frappé de la manière dont les rives sont de mieux en mieux cultivées. C'est ainsi que, dans le Kaniéra et le Khasso, les diverses céréales et les arachides sont plantées en sillons assez bien bombés et alignés à la houe.

Commerce.

Les principaux ports de la colonie sont : Saint-Louis, Gorée, Dakar et Rufisque. Les rivières du sud, ainsi que quelques points intermédiaires de la côte, offrent également d'assez bons mouillages aux navires qui les fréquentent pour y laisser ou y prendre des chargements.

Dakar est le plus grand port de la colonie; Gorée et Rufisque sont des rades foraines, les navires ne pouvant mouiller qu'à une certaine distance des appontements, et le transport des marchandises entre leur bord et la terre doit se faire à l'aide de pirogues. Quant à Saint-Louis, les navires tirant de 0 1/2 à 11 pieds, suivant la hauteur de la marée, peuvent seuls franchir la barre qui défend l'entrée du port.

Les marchés de la colonie sont : Saint-Louis, pour les marchandises d'importation et d'exportation; Gorée, pour les marchandises d'importation qui sont expédiées de là dans les rivières du sud et sur la côte occidentale; enfin Rufisque, qui est exclusivement un grand marché d'exportation. La Casamance, le Rio-Nunez, le Rio-Pongo, la Mellacorée exportent également une assez grande quantité de produits du sol; mais leur mouvement commercial ne peut se comparer à celui des grands marchés cités plus haut. Dakar n'est encore, jusqu'à présent, qu'un bon port dont l'activité commerciale est peu considérable, à raison de la proximité de Gorée et de Rufisque, où les négociants ont leurs magasins et leurs habitudes; les transactions se bornent aux marchandises apportées ou expédiées par les paquebots, et à l'énorme arrivée des charbons français et anglais que viennent y prendre les steamers de toutes les nations passant par le Cap-Vert.

Les produits naturels de la colonie sont : les gommes, dont le commerce se soutient encore, malgré la concurrence des gommes arabiques et autres matières tendant à la remplacer dans les préparations industrielles; le caoutchouc, les plumes de parure, les oiseaux vivants et les peaux, la cire, l'ivoire et les vessies natatoires. L'exportation des gommes atteint le chiffre de 2 à 3 millions de kilogrammes par an, à peu près exclusivement dirigés sur la place de Bordeaux. Les produits du sol comprennent les arachides, qui forment le principal article d'exportation et dont la production atteint 40 millions de kilogrammes par an, le sésame, l'huile et les amandes de palme, le café du Rio-Nunez et du Rio-Pongo, et autres produits de moindre importance. Le Sénégal exporte en outre, mais en petites quantités, du mil, du riz en paille, de l'or, des écorces tinctoriales et tannantes.

Les principaux articles d'importation sont : la guinée ou toiles bleues de l'Inde (voir *Indes*), les étoffes des manufactures de France, le fer, l'eau-de-vie, les armes à feu, les munitions de guerre, le corail, l'ambre, les verroteries, le tabac et les comestibles.

Industrie.

On ne trouve, dans le pays, aucun établissement industriel indigène. Mais, dans ces dernières années, trois usines à huile ont été installées par des négociants résidant depuis longtemps dans la colonie, mais ont dû se fermer en présence du bon marché des huiles importées. Les seules industries indigènes que l'on soit appelé à rencontrer sont les briqueteries et les chaufourneries dans les environs de Saint-Louis et de Dakar. Les terres argileuses et la quantité considérable de coquilles que l'on peut se procurer aux environs de Saint-Louis permettent un travail facile aux fabricants, qui ne livrent, d'ailleurs, que des produits de qualité tout à fait inférieure.

Les professions manuelles sont celles de menuisier, de maçon, de calfat, de tisserand, de forgeron. Parmi les ouvriers de cette dernière profession, on trouve des orfèvres très habiles, et les bijoux qu'ils ont travaillés à la main, avec des instruments tout à fait primitifs, ont un certain cachet d'originalité et de bon goût.

Le métier de tisserand est exercé par une classe d'indigènes; ils se livrent au tissage de bandelettes d'étoffe de coton de dix centimètres de largeur environ. Ces bandelettes, réunies ensemble, sont vendues aux indigènes pour leur servir de pagne, principal costume du pays. Les plus beaux de ces pagnes sont mêlés de fils de couleur qui forment des dessins très réguliers et parfois assez compliqués. Citons encore les potiers et les teinturiers qui, avec les procédés les plus rudimentaires, traitent l'indigo et obtiennent des nuances remarquables du bleu dans toute sa gamme.

Mines.

Le Sénégal possède des mines d'or très riches dans le Bambouck et le Tamhaoura, mines que le gouvernement avait fait exploiter, mais auxquelles il a été obligé de renoncer après quelques années d'essai, à cause de l'insalubrité du climat, dans les environs du poste de Kéniéba qu'il avait fait construire dans le but de l'exploitation. Cet or se trouve dans les terrains d'alluvion formés de salle, de cailloux quartzeux et d'argile schisteuse. C'est sur ce fond facile à creuser que les noirs pratiquent, pendant la saison, des trous de 7 à 8 mètres de profondeur; à mesure que la terre en est extraite, les femmes en emplissent des calebasses qu'elles vont laver au marigot le plus proche.

On conçoit facilement que, par de tels procédés, l'on ne recueille qu'une faible partie de l'or contenu dans les sables aurifères.

Dans les environs de Bakel, vers le Boundou, on trouve des terres contenant du mercure à l'état natif et par globules de près d'un millimètre de diamètre. Les indigènes le recueillent en faisant des trous coniques à parois très inclinées sur lesquelles roule le précieux liquide.

Chemin de fer de Dakar à Saint-Louis.

La barre du Sénégal qui est impraticable en tout temps aux navires d'un tirant d'eau supérieur à 3 mètres, interrompt souvent, pendant des mois entiers, toute communication entre Saint-Louis et la mer. En vue de remédier à cette situation, le Gouvernement résolut, en 1880, de construire un chemin de fer reliant le chef-lieu de la colonie à Dakar. Ce chemin de fer, commencé vers la fin de l'année 1882, a été terminé au mois de mai 1885; il a une longueur de 264 kilomètres. La ligne dessert, en partant de Dakar : Tiaroye, Rufisque, Sebikkotane, Pont, Thiel, Tivaouane, Piregoureye, N'Gaye-Mekhé, Kelle, N'Dande, Kébémer, Goumbo-Gueoul, Louga, Sakal, M'Pal, Rao-Poundioum, Leybar et Saint-Louis.

Un train de voyageur part tous les matins à 6 heures, de chacune des gares de Dakar et de Saint-Louis et parcourt, en une douzaine d'heures, la distance qui sépare ces deux villes. Outre ces trains réguliers, le transport des arachides , le mouvement occasionné par l'arrivée ou le départ des paquebots, nécessitent la formation de trains dont le nombre varie suivant les circonstances.

RIVIÈRES DU SUD

COMMERCE GÉNÉRAL DES RIVIÈRES DU SUD

Les produits qui font l'objet des transactions entre les indigènes et les commerçants sont de deux sortes :

1° Les produits fournis exclusivement par le sol ;

2° Ceux qu'on appellera les produits d'industrie.

1° PRODUITS DU SOL

Le sol de la côte est loin d'être infertile. Jusqu'à présent, l'agriculture a donné peu de résultats ; mais la faute en est à la paresse et à l'inconstance des habitants, et non à la pauvreté d'un sol qui peut produire, et beaucoup. Quoi qu'il en soit, les produits naturels entrent pour la plus grosse part dans les échanges commerciaux.

Café. — Le cercle du Rio-Nunez, le nord du Rio-Pongo ainsi que le Labaga du cercle de Dubréka, produisent le café. Plusieurs essais de culture régulière ont été faits : mais, soit que la patience ait manqué, soit que les résultats n'aient pas répondu aux dépenses faites, on n'est pas arrivé à établir un courant d'affaires suivi et appréciable sur cette denrée. Le peu qu'on exporte provient non de plantations entretenues, mais seulement de plantations naturelles.

Caoutchouc. — Le caoutchouc se trouve presque partout. C'est le produit de la liane dite à caoutchouc qu'on incise. Le liquide qui en sort est aggloméré soit en boules compactes, soit en lanières dont on forme ensuite une espèce de peloton.

Mais le caoutchouc n'est pas sagement exploité. Les lianes sont incisées sans ordre, sans soin, à la plus grande commodité de la paresse de l'opérateur. Il en résulte que, dans certains districts où le caoutchouc abondait il y a plusieurs années, la production a diminué de plus de 50 0/0. Il est fâcheux qu'on ne puisse pas arriver à faire comprendre aux indigènes qu'ils ont tout intérêt à ménager leurs récoltes ; mais jusqu'à présent tous ceux qui l'ont tenté ont parlé dans le désert.

Le caoutchouc est le produit qui arrive à la côte avec le plus d'abondance.

Les productions moyennes ont été jusqu'à présent les suivantes :

Le Rio-Nunez..................................	250.000 kilog.
Le Rio-Pongo.................................	100.000
La Dubréka...................................	230.000
La Mellacorée.................................	170.000
Soit au total	750.000

Sa valeur moyenne varie de 1 fr. 10 à 2 fr. 50 sur les marchés d'Europe. Les première et deuxième qualités, dites qualités marchandes, sont seules vendables.

La marge de bénéfices laissée au commerçant par ce produit peut-être estimée à 25 ou 30 0/0 brut. Et encore y a-t-il lieu de tenir compte de la déduction à faire pour les droits de douane, le transport et les présents d'usage.

Gomme. — La gomme copale est le produit naturel qui, par son abondance, occupe la seconde place parmi les productions des rivières du sud. Mais il n'est pas commun à toutes. Les cercles seuls de la Dubréka et de la Mellacorée le produisent.

La gomme copale est produite par le gommier. Cet arbre se trouve avec abondance sur les flancs abrupts de la chaîne secondaire qui, partant de la baie de Sangaréa, remonte au N.-E. en traversant le Fili-Cpundji, le Labaya, le Conia, le Kissi-Kissi et le Benna.

Le procédé de récolte de la gomme est sensiblement le même que celui du caoutchouc. Au mois de janvier les propriétaires incisent de ci de là les troncs d'arbre. La gomme suinte lentement, se fige en formant des boules qui, une fois détachées, sont vendues.

La vraie récolte de gomme se fait du mois d'avril à fin juin. Passé ce temps, la gomme devient noire sous l'action de la pluie et n'a plus de valeur.

Les cercles de Dubréka et de la Mellacorée en fournissent 200,000 kilog. chacun par année. Le prix des marchés européens varie de 1 fr. 20 à 2 fr. le kilog. suivant les qualités.

Ce produit donne au commerce une assez grande marge de bénéfices.

Sésame. — Elle se rencontre partout dans les rivières du sud; mais le Limba et le Diximo (N.-E. de la Mellacorée) en sont surtout les centres producteurs. La sésame achetée 200 francs la tonne se revend en Europe de 300 à 315 francs. Les quatre cercles en exportent environ 450,000 kilogrammes.

Riz et mil. — Le riz est la culture du pays. Base de l'alimentation, cette céréale se trouve partout. D'assez grandes transactions se font sur le riz ; mais elles sont uniquement locales.

Le mil, cultivé en moins grande abondance, entre pour un quart dans la nourriture des noirs et ne donne lieu également à aucune exportation.

Amandes et huile de palme. — Ces produits, si utiles à notre savonnerie, n'ont pas de courant d'affaires sensible dans les rivières du sud. Ils se trouvent surtout dans la colonie anglaise, dans les rivières du Sherbro.

Arachides. — Les arachides ont été pendant de longues années la culture favorite des indigènes. Mais, depuis 1881, elles ont été complètement abandonnées. A cette époque la Mellacorée exportait annuellement 7,500,000 kilog. d'arachides.

Cette année, l'administrateur a essayé de faire reprendre cette culture et, aidé par l'administration de Saint-Louis, il a obtenu un résultat très satisfaisant. Pour 500 boisseaux donnés aux chefs de district, le rendement a été de 8,000 boisseaux, soit seize fois la semence. En fin de compte, avec les arachides que le gouvernement a données et celles que le commerce a vendues à certains indigènes, la Mellacorée fournit cette année 10,000 boisseaux. Des mesures sévères ont été prises pour que cette céréale sorte de la Rivière, et chaque chef est personnellement responsable de cette culture dans son district. De cette façon, les 10,000 boisseaux semés en mai 1889 donneront en décembre au bas mot 50,000 boisseaux qui, resemés à nouveau, donneront pour la récolte de 1890, 300,000 boisseaux, ou en tonne à 80 boisseaux la tonne, 3,750 tonnes.

A partir de cette époque, les populations de Mellacorée auront reconquis leur vie indépendante et ne seront plus astreintes, comme maintenant, à attendre leur existence de l'arrivée des caravanes du haut pays, dont elles sont depuis huit ans tributaires.

Cette année le Rio-Nunez, qui s'y est pris plus tôt, exporte 300 tonnes d'arachides.

Cette culture a donc définitivement fait sa réapparition dans les rivières du sud.

Colas. — Ce produit du kolatier, extrêmement recherché des peuples du Sénégal ou de l'intérieur, est produit par les rivières du sud qui en exportent environ 50,000 kilog. à Saint-Louis. Le prix de la mercuriale, bien inférieur à celui du marché, est de 5 fr. le kilog.

En dehors de ces produits le pays possède le ricin, le coton et l'indigo.

Le coton seul sert à de rares filateurs pour tisser des étoffes du pays.

Le ricin et l'indigo sont considérés par les noirs comme n'ayant aucune valeur : ils croissent et meurent là où le vent jette la graine.

2⁰ PRODUITS D'INDUSTRIE

Les produits d'industrie sont l'or, l'ivoire et les cuirs.

Or et ivoire. — L'or et l'ivoire sont des produits rares dont l'exportation entre pour une très petite part dans les prévisions ou les espoirs du commerce.

L'exportation de l'or peut s'élever à 10 kilog. maximum; celle de l'ivoire de 12 à 1,500 kilog. Ces produits laissent peu de bénéfices et le commerce n'y tient guère.

Cuirs. — Les cuirs bruts donnent un bon courant d'affaires.

L'exportation en est la suivante :

Rio-Nunez.............................	60.000 kilog.
Rio-Pongo..............................	60.000
Dubréka...............................	100.000
Mellacorée............................	90.000
Au total................	310.000

Tous ces cuirs sont envoyés aux États-Unis où ils sont côtés de 1 fr. 60 à 2 fr. le kilog. (marché actuel).

En résumé, les rivières du sud exportent, d'après les mercuriales, pour 4,500,000 francs de divers produits, ce qui, à 7 0/0, donne un revenu douanier de 315,000 francs.

En y ajoutant 30,000 francs de droits d'ancrage ou autres du même genre, nous atteignons le chiffre de 315,000 francs.

PROTECTORAT

DES ÉTABLISSEMENTS FRANÇAIS

DU GOLFE DE BENIN

ÉTABLISSEMENTS FRANCAIS
DU GOLFE DE GUINÉE

On comprend sous cette dénomination les Établissements suivants:

1° Porto-Novo;

2° Les Établissements français de la Côte-d'Or.

AGRICULTURE

—

COMMERCE ET INDUSTRIE

Produits importés dans la colonie. — Produits exportés de la colonie.

—

MINES

—

Cultures de la colonie. — Caféiers, maïs, riz, tabacs, palmiers à huile, cotonniers, cacaoyers, légumes d'Europe, manioc, patates, bananes, taro, cannes à sucre, arachides.

La culture du palmier oléifère est la principale, on pourrait même dire la seule ressource du pays : l'huile et l'amande de palme sont en effet les seuls produits exportés de la colonie. Il est vrai que ces ressources sont immenses et paraissent inépuisables.

Importations dans la colonie. — Genièvre, tafia, liqueurs, muscat, anisado, tissus divers, tabac, sel, armes, poudres, faïences, quincaillerie, mercerie, chaussures, comestibles, verreries.

Animaux vivants, produits et dépouilles d'animaux, pêches, farineux alimentaires, fruits et graines, denrées coloniales de consommation, huiles et sucs végétaux, bois, produits et déchets divers, fruits, tiges et filaments à ouvrer, matières minérales, métaux, produits chimiques, couleurs, compositions diverses, boissons, poteries, fils, tissus, papier et ses applications, peaux et pelleteries ouvrées, ouvrages en métaux, armes, poudres et munitions, meubles, ouvrages en bois, instruments de musique, ouvrages de vannerie, sparterie et corderie, ouvrages en matières diverses.

Exportations de la colonie. — Produits et dépouilles d'animaux, poissons, huiles, bois, meubles, légumes secs, ivoire, caoutchouc, amandes de palme, bois d'ébène, bois rouge, cafés, cuirs, gomme copal.

ÉTABLISSEMENTS FRANÇAIS DE PORTO-NOVO

SITUATION GÉOGRAPHIQUE

Le territoire de Porto-Novo est formé de deux parties distinctes :

1° La presqu'île située entre la mer et la lagune qui s'étend depuis Appa, dans l'est, jusqu'à notre possession de Kotonou, à l'ouest.

2° La partie continentale, vaste plateau s'inclinant à l'ouest vers la rivière l'Ouémé, qui la sépare du Dahomey, et à l'est vers la rivière Addo, frontière des possessions anglaises.

La ville de Porto-Novo, capitale de l'État du même nom, est située par 6°30' de latitude N. et 20' de longitude E. Sa population est de 20,000 âmes; la population de l'État entier ne dépasse pas 150,000 âmes.

CLIMAT, MÉTÉOROLOGIE

Le climat est chaud et sec pendant la moitié de l'année; le thermomètre monte dans le jour à 32° et exceptionnellement à 40°. Pendant l'autre moitié de l'année, les pluies ou les grandes brises du S.-O. donnent un peu de fraîcheur et beaucoup d'humidité; le thermomètre varie entre 24° et 30°; les nuits sont fraîches.

Les mois de novembre et décembre, janvier et février sont les plus dangereux pour les Européens; les eaux, en se retirant, laissent les rives et marais à découvert et, sous l'action d'un soleil brûlant, les corps organiques se décomposent et répandent leurs miasmes pestilentiels dans l'atmosphère. En tout temps, les travaux pénibles au dehors sont impraticables pour la race blanche.

Les maladies sont peu fréquentes chez les indigènes; on n'y entend pas parler d'épidémies, sauf celle de la petite vérole qui est assez bénigne, malgré le peu de précautions prises pour éviter la contagion.

Les seuls phénomènes météorologiques observés dans la contrée sont des orages violents, mais de peu de durée, qui se produisent fréquemment pendant les mois de mars et avril; ce sont des coups de vent avec tonnerre et pluie qui causent parfois des dégâts.

Les grandes pluies commencent en mai et ne cessent qu'en novembre; cependant il y a une interruption pendant les mois d'août et de septembre qui sont la saison la plus agréable; de grandes brises donnent alors de la fraîcheur.

Depuis le mois de décembre jusqu'à la fin de février règne une sécheresse absolue, tempérée le matin par d'abondantes rosées.

En mars, commencent les ouragans dits tornades, qui marquent la transition de la saison sèche au retour des pluies. En somme, six mois de pluie et six mois de sécheresse, heureusement répartis en deux périodes alternantes; disposition éminemment favorable pour les travaux agricoles, car elle permet de faire deux récoltes par an.

Commerce.

La capitale est le seul marché important du pays; les produits de l'intérieur s'y concentrent et c'est de ce point que les marchandises d'Europe se répandent dans l'intérieur.

Les maisons de commerce sont toutes installées à Porto-Novo. On y compte trois factoreries françaises, trois allemandes et une portugaise, qui alimentent un nombre assez important de traitants au détail.

Le commerce se fait presque exclusivement par échange des marchandises d'Europe contre les produits du pays. Les maisons françaises importent principalement le tafia et le genièvre; les maisons allemandes ont à peu près le monopole des tissus et du sel; c'est une maison portugaise qui approvisionne le pays de tabac en rôles et de tafia de provenance brésilienne. Les seuls objets que fournissent les indigènes aujourd'hui sont l'huile, les amandes du palmier et les noix kolas; ces dernières sont expédiées au Brésil. Les arachides et l'ivoire ne figurent que pour un chiffre assez important.

Les importations s'élèvent annuellement à environ 2 millions, dont la moitié à peu près par les maisons françaises. Les exportations peuvent s'évaluer à 3,500 tonnes d'huile et 6,500 tonnes d'amandes représentant une valeur de 3,600,000 francs, ce qui, en tenant compte des marchandises diverses qui ne figurent pas dans ces chiffres, donne un mouvement commercial de 6 millions. Il faut remarquer que, depuis quatre ans, sous l'influence de diverses causes, les transactions se sont ralenties à Porto-Novo. La sécurité, la paix, des frontières incontestées, auraient pour résultat immédiat une extension considérable des affaires.

La côte étant dépourvue de ports, c'est au large de la plage de Kotonou que doivent mouiller les navires qui trafiquent avec cette contrée. La correspondance est expédiée par le port de Lagos, chef-lieu des possessions anglaises voisines.

La seule monnaie ayant cours dans le pays est la monnaie anglaise. Les transactions entre indigènes se règlent au moyen de cauris, coquillage que l'on importe de Mozambique et qui vaut 28 à 30 francs les 100 kilogrammes. La piastre cauris, qui se compose de 200 coquillages, vaut de 0 fr. 80 à 1 fr. 25.

ÉTABLISSEMENTS FRANÇAIS DE LA COTE-D'OR

SITUATION GÉOGRAPHIQUE

Les établissements de la Côte-d'Or comprennent les comptoirs d'Assinie et de Grand-Bassam.

Le poste d'Assinie est situé par 5° 7' 47" de latitude N., à 28 milles environ de celui de Grand-Bassam. L'établissement est situé sur la rive droite de la rivière d'Assinie, sur le point où la rivière s'élargit pour former le grand lac d'Athy. Au-delà du lac, la rivière conserve une largeur de plusieurs milles pendant tout son parcours dans le royaume d'Attacla, puis elle pénètre dans le pays des Ashantees.

Grand-Bassam est situé par 5° de latitude N. et 6° de longitude O., non loin de la rivière du même nom. Le comptoir est établi à l'entrée de la lagune dite d'Ebrié, qui pénètre à 10 kilomètres dans les terres, puis se dirige de l'est à l'ouest, parallèlement à la côte, sur une longueur d'environ 110 milles. A son embouchure les rives sont basses, sablonneuses, couvertes de mangliers et inhabitées.

CLIMAT

Le climat est supportable pendant une grande partie de l'année; septembre est très malsain; en novembre, il y a la petite saison des pluies.

Commerce.

Grand-Bassam semble appelé à devenir un centre important d'échanges. Les communications sont, en effet, faciles entre Grand-Bassam et les pays avoisinants compris entre les rivières Tanoë à l'est et Lahou à l'ouest, par le moyen de vapeurs circulant dans la lagune et les rivières qui s'y jettent.

Le meilleur moment pour franchir la barre et naviguer en lagune est l'époque des hautes eaux, juin et juillet. Le courant, plus violent, creuse alors plus profondément le passage. Les terres sont noyées et la lagune est peut-être moins malsaine qu'aux époques où la baisse des eaux laisse des vases à découvert. Mais, dans cette saison, la pluie presque continuelle rend toutes les opérations difficiles.

Le commerce se divise en traite faite à Grand-Bassam et en traite de lagunes.

La traite de lagunes est entre les mains de deux maisons européennes.

Le principal produit d'exportation de Grand-Bassam est l'huile de palme; le total de cette traite s'élève de 4,000 à 5,000 tonnes par an; viennent ensuite les amandes de palme, les cuirs, la cire, l'ivoire, les bois de teinture, la gomme et un peu d'or. Les articles d'importation sont les tissus, le genièvre, le rhum, la poudre et les faïences.

SOUDAN FRANÇAIS

SOUDAN FRANÇAIS

SITUATION GÉOGRAPHIQUE

L'établissement du Soudan français forme un important territoire dont les limites se perdent dans les nombreux états voisins soumis au protectorat de la France.

Attenant par l'ouest à la colonie du Sénégal, le Soudan français est borné au nord par les États Toucouleurs, d'Amadou, Scheïkou et par les républiques du Bambabaras, du Bélédougou; à l'est, il est limité par le Niger, depuis Nyamina, en aval de Bamako jusqu'à Séguiri, poste extrême qui rayonne dans le S.-E. et communique avec la lieutenance des Rivières du Sud.

Toute la contrée ainsi délimitée est très montagneuse et largement arrosée par les affluents du Niger et du Sénégal. Ces deux grands fleuves, qui prennent leur source dans le Fouta-Djallon, sont encore actuellement la seule voie de pénétration dans le centre soudanier; ils arrosent tout le pays, dont les vallées et les plaines sont fertiles en tout temps.

AGRICULTURE

COMMERCE ET INDUSTRIE

Produits importés dans la colonie. — Produits exportés de la colonie.

Cultures de la colonie. — Mil, maïs, riz, sésames, arachides, ricins, pourghères, karité, savonnier, haricots, pois bambaras, manioc, melons, thé de Gambie, papayers, tabac, gomme arabique, coton, indigo, caoutchouc.

Importations dans la colonie. — Denrées de toutes sortes, médicaments, étoffes, meubles, couleurs, chevaux, etc.

Exportations de la colonie. — Arachides, gommes, dents d'éléphant, or, bijouterie, mil (pour le bas fleuve), caoutchouc, curiosités indigènes.

Commerce.

Grâce aux travaux exécutés en vue de créer des débouchés par l'établissement de chemins de fer et d'autres voies de communication, l'avenir de cette nouvelle colonie apparaît dès maintenant sous un jour des plus favorables.

Il est incontestable que si la France persévère dans la ligne de conduite qu'elle s'est tracée pour la colonisation de cette fertile région, nous ne tarderons pas à voir ce pays, qu'avaient ruiné les guerres des conquérants indigènes, se repeupler grâce à la paix et à la sécurité que nous aurons su lui assurer.

Aujourd'hui, la phase de la pacification est pour ainsi dire terminée, sauf quelques vieux levains de révolte entretenus par les marabouts; la masse de la population s'applaudit d'être placée sous notre protectorat et se remet avec courage aux travaux agricoles.

GABON-CONGO

GABON-CONGO

SITUATION GÉOGRAPHIQUE DU GABON

L'estuaire du Gabon forme une magnifique rade de 23 milles de longueur sur une largeur moyenne de 8 à 10 milles, qui peut fournir un abri sûr à bon nombre de navires. Il reçoit plusieurs rivières, dont les principales sont celles de Como et de Rhamboë. La première qui reçoit le tribut des eaux du Bogué, se déverse dans le Gabon, un peu au-dessus de la rivière de Rhamboë. Celle-ci se jette dans le même estuaire sur la rive gauche, au point dit Chinchiva, centre du commerce de cette partie du pays.

Le Como présente un certain mouvement d'affaires. La navigation de la rivière est facile jusqu'au mouillage de Ningué-Oingué; au-dessus, elle ne peut employer que des bâtiments d'un faible tirant d'eau.

Deux autres cours d'eau importants dépendent de notre établissement :

Au nord, la rivière Moundah ou Mondah se jette dans la mer, non loin du cap Esterias, à 23 milles au-dessus du Gabon. Elle fut comprise dans la cession à nous faite par le traité général passé, le 1er avril 1811, avec tous les chefs de l'estuaire.

Au sud, l'Ogoway ou rivière Nazareth se jette dans la mer, un peu au-dessous du cap Lopez (dont on lui donne également le nom), à 60 milles environ des bouches du Gabon. Son cours général prend la direction du nord-ouest au sud-est. Le volume de ses eaux, sa longueur et sa profondeur sont considérables; mais son cours est malheureusement coupé de rapides qui empêchent les bâtiments d'un certain tonnage de remonter au loin.

SITUATION GÉOGRAPHIQUE DU CONGO

Les limites des possessions françaises ont été fixées par une convention conclue, le 5 février 1885, entre le gouvernement de la République française et l'Association internationale du Congo.

D'autre part, la conférence internationale qui s'est réunie à Berlin pour étudier et discuter les questions relatives à la situation de l'Afrique occidentale a déterminé les limites et le régime spécial du bassin du Congo, dont une partie est comprise dans le territoire de l'Ouest-Africain.

L'article 3 de la convention conclue avec l'Association internationale est ainsi conçu :

Le gouvernement de la République française et l'Association adoptent pour frontières entre leurs possessions :

Au Sud. — La rivière Tchiloango, depuis l'Océan jusqu'à sa source la plus septentrionale;

La crête de partage des eaux du Niari-Quillou et du Congo, jusqu'au-delà du méridien de Manyanga et la cataracte de N'Tombo-Mataka, en un point situé sur la partie navigable du fleuve;

Au Sud-Est. — Le Congo jusqu'à Stanley-Pool ; la ligne médiane de Stanley-Pool ;

A l'Est. — Le Congo jusqu'à un point à déterminer en amont de la rivière Licona-N'Kundja ;

Au Nord-Est. — Une ligne à déterminer depuis ce point jusqu'au 17° degré de longitude E. de Greenwich, en suivant autant que possible la ligne du partage des eaux du bassin de la Licona-N'Kundja qui fait partie des possessions françaises.

Le 17° degré de longitude E. de Greenwich.

La carte publiée par notre Ministère des affaires étrangères assigne comme limite septentrionale aux nouveaux territoires français une ligne conventionnelle parallèle à l'équateur, partant du méridien de 14° 40' de Paris ou 17° Greenwich.

CLIMAT, MÉTÉOROLOGIE

Sous le rapport sanitaire, le comptoir du Gabon est peut-être celui de tous nos établissements de la côte ouest d'Afrique où il existe le moins de maladies. La dyssenterie et l'hépatite, affections si communes au Sénégal, sont ici excessivement rares. On n'a réellement à redouter que les fièvres pernicieuses et bilieuses qui sévissent généralement pendant les premiers mois de la saison sèche, de mai à juin, époque à laquelle se dessèchent les ruisseaux.

La *température* du Gabon, constamment rafraîchie par les brises d'ouest du large, n'est pas aussi élevée qu'on pourrait le supposer. Sa variation pendant l'année est d'environ 10°. Le thermomètre monte rarement au-dessus de 30° à l'ombre et de 40° au soleil. Pendant les mois les plus chauds de l'année, janvier, février, mars et avril, l'observation donne en moyenne le matin, 25° ; à deux heures, 30°, et le soir 28°. Les autres mois donnent en moyenne, le matin, 23° ; vers deux heures, 28°, et le soir 20°.

L'année se divise en deux saisons principales :

La saison des pluies et la saison sèche.

On peut encore subdiviser ces deux saisons, et l'on a ainsi :

La grande et la petite saison des pluies ;

La grande et la petite saison sèche.

La petite saison des pluies dure quelquefois deux mois (octobre et novembre).

La petite saison sèche dure pendant tout le mois de décembre.

En septembre et en octobre, les pluies sont fines et peu abondantes, et c'est après le temps des grands orages et des tornades.

En mai, les pluies cessent complètement et la saison sèche commence ; le temps reste couvert, mais aucune goutte d'eau ne vient rafraîchir la terre. C'est alors que les sources tarissent.

Les grandes pluies ont lieu en janvier, février, mars, avril et la première quinzaine de mai. Elles reprennent vers la mi-septembre pour continuer jusqu'à la fin de l'année. La saison sèche commence vers le milieu du mois de mai et se termine dans la dernière quinzaine de septembre. On a ainsi régulièrement huit mois de pluies et quatre mois de saison sèche. Il est rare néanmoins, même pendant la saison sèche, que ces mois se passent sans quelques jours de petites pluies.

AGRICULTURE

COMMERCE ET INDUSTRIE

Produits importés dans la colonie. — Produits exportés de la colonie.

MINES

Culture et produits exportés de la colonie. — Huiles de palmes, amandes dites de palmiste, arachide, bois tinctoriaux, canne à sucre, cacao, tabac, caoutchouc, cire, gomme copal, ivoires, textiles, orseille, peaux.

Importations dans la colonie. — Cotonnades communes, poudre, armes, spiritueux, sel minéral et marin, cuivreries, ferronnerie, quincaillerie, coutellerie, verrerie, verroteries, faïences, vêtements confectionnés, corail, provisions, bonneterie, mercerie, bijouterie fausse, jouets d'enfants, chapellerie, etc. etc.

Les *minerais* du Congo sont dignes d'attention. Le *fer* ne manque pas, en effet, dans le bassin de l'Ogooué, et dans le bassin du Niari-Quillou, on peut ramasser le *cuivre* à fleur de terre.

MAYOTTE

MAYOTTE

SITUATION GÉOGRAPHIQUE

L'île de Mayotte (Mahori) est située dans le canal de Mozambique, au S.-E. de l'archipel des Comores, dont elle fait partie et à 60 lieues environ de la côte N.-O. de Madagascar.

Elle a une forme allongée dans la direction nord et sud et occupe, dans le sens de la plus grande dimension une étendue de 25°. Sa largeur, excessivement variable, se réduit sur certains points à 8 kilomètres; elle est traversée dans toute sa longueur par une chaîne de montagnes dont quelques sommets sont assez élevés : Mayégani, 600 mètres; pic d'Ouchougé, 642 mètres; mont M'sapéré, 660 mètres.

Son sol, d'origine volcanique, est inégal, onduleux, coupé de ravins au fond desquels coulent de petits ruisseaux qui, pendant la saison des pluies deviennent de véritables torrents.

Ses bords sont hérissés de caps abrupts qui dessinent un grand nombre de petites baies dont le rivage, recouvert de palétuviers, forme presque toujours un marais fangeux.

En général, les sommets des monts les plus élevés sont stériles, on y voit quelques arbres rabougris et clairsemés; les versants, au contraire, présentent une végétation vigoureuse et d'autant plus belle que l'on se rapproche davantage des bas-fonds.

Un de ces récifs, qui se découvre à marée basse, entoure presque complètement l'île, qui se trouve ainsi placée comme au centre d'un lac où les mouillages sont nombreux et sûrs. La rade de Dzaoulzi, notamment, en présente deux, situés, l'un au nord, l'autre au sud de l'îlot de ce nom, où les navires sont, en toute saison, à l'abri du vent. Deux passes principales y conduisent: l'une au sud, la passe Bandili, qui est la plus accessible; l'autre au nord, celle de M'zabourou.

L'espace compris entre la ceinture de récifs et l'île de Mayotte renferme plusieurs îlots, dont les plus importants sont : Bandili, Pamanzi, Mzabourou, les Ajangua et Bouzi, les baies principales sont : au nord, celle de Longoni; à l'ouest, celles de Soulou, de Chingoni et de Boéni, la plus vaste de toutes.

La superficie de Mayotte en y comprenant les petites îles dont elle est environnée, est de 37,000 hectares environ; celle de Mayotte seule est de 35,000 hectares.

Au milieu d'un lac semé d'îlots couverts de verdure, Mayotte, par son sol accidenté et sa riche végétation, offre au regard un paysage maritime des plus pittoresques.

CLIMAT, MÉTÉOROLOGIE

La salubrité de l'île de Mayotte a été l'objet d'appréciations fort diverses. Les premiers rapports furent des plus favorables. Plus tard, lorsque les travaux nécessités par un premier établissement furent entrepris, lorsque l'on commença à remuer le sol, le tableau s'assombrit; on vit se développer avec intensité cette fièvre que l'on appelle fièvre des marais, qui devait exister alors comme aujourd'hui, mais qui trouva un élément de force dans les défrichements d'une certaine étendue opérés sur plusieurs points à la fois.

Les rapports des médecins de cette époque témoignent assez de l'insalubrité contre laquelle ils eurent à lutter au début de la colonisation. Aujourd'hui l'état sanitaire se présente sous des couleurs moins lugubres. On cite des colons qui sont dans le pays depuis plus de dix ans; il en existe un grand nombre qui l'habitent depuis plus de cinq ans.

La fièvre des marais est la maladie dominante; elle ne revêt que dans un petit nombre de cas les formes graves pernicieuses.

Les maladies du foie, la dysenterie, ne s'observent que rarement. Quant à la fièvre jaune et au choléra, ces deux maladies n'ont jamais fait d'apparition dans la colonie. A Mayotte, avec de l'hygiène, une vie sobre et réglée et à la condition d'aller tous les deux ans se retremper en Europe, on peut vivre de longues années indemne de toute affection sérieuse. L'année météorologique, à Mayotte, se partage en deux saisons caractérisées non par des différences remarquables, mais par des variations surprenantes dans l'humidité. Il serait difficile de fixer pour ces deux saisons des limites précises; mais ce que l'on peut cependant dire de plus général et de plus vrai, c'est que l'arrivée de la mousson du N.-E. amène, vers la fin d'octobre ou le commencement de novembre, la saison des pluies et des chaleurs.

Les unes et les autres cessent avec la mousson contraire, entre avril et mai. La fin de chaque mousson est marquée par une période de calmes accompagnée de fortes chaleurs.

La moyenne de la température de l'année, à Mayotte, est de 26°,28; elle varie entre 20° et 31° (on a vu quelquefois 32°).

La chaleur croît pendant le jour et atteint son maximum entre 2 et 4 heures de l'après-midi. Elle décroît pendant la nuit et atteint son minimum au lever du soleil.

AGRICULTURE

COMMERCE ET INDUSTRIE

Produits importés dans la colonie. — Produits exportés de la colonie.

Cultures de la colonie. — Cannes à sucre, vanille, tabacs, riz, cocos, manioc maïs, embrevades, bananes, patates.

Importations dans la colonie. — Animaux vivants, produits d'animaux, farineux alimentaires, fruits et graines, denrées de consommation, espèces médicinales, bois communs, sucs végétaux, combustibles minéraux, compositions diverses, boissons, tissus, monnaies, diverses marchandises.

Exportations de la colonie. — Animaux vivants, produits d'animaux, farineux alimentaires, fruits et graines, bois communs, métaux, filaments à ouvrer, denrées de consommation, combustibles, boissons, tissus, diverses marchandises.

Commerce.

Le commerce est presque entièrement entre les mains des Indiens, qui font venir, par des boutres, de Zanzibar et de Bombay, les toiles et objets de toute nature à l'usage des indigènes, et de Madagascar, le riz nécessaire à la consommation intérieure de l'île.

Il existe aussi quelques détaillants français qui tiennent des débits de boissons.

La part de la France dans le commerce d'importation est peu importante. Elle ne se compose que de machines, vivres, vins, boissons de toutes sortes, objets d'habillement, etc., à l'usage des Européens.

La part de l'étranger, au contraire, est considérable. C'est la grande île de Madagascar qui fournit les bœufs et le riz, base de l'alimentation des habitants. C'est de Zanzibar et de Bombay que viennent les marchandises américaines, allemandes et surtout anglaises.

DIÉGO-SUAREZ ET DÉPENDANCES

Nossi-Bé

Sainte-Marie-de-Madagascar

DIÉGO-SUAREZ ET DÉPENDANCES

SITUATION GÉOGRAPHIQUE

Le territoire de Diégo-Suarez a été cédé à la France par le traité du 17 décembre 1880 entre la France et les Hovas.

Ce territoire est situé au nord de l'île de Madagascar et entoure la baie de Diégo-Suarez.

La colonie française a été fondée en 1880. — Par un décret du 4 mai 1888, l'organisation administrative de nos possessions de l'Océan Indien a été modifiée comme suit : l'île de Nossi-Bé avec ses dépendances et le territoire de Diégo-Suarez ne forment plus désormais qu'un seul gouvernement, dont le siège est fixé à Diégo-Suarez ; l'établissement de Sainte-Marie de Madagascar cesse d'être une dépendance de la Réunion pour être rattaché au gouvernement de Diégo-Suarez.

Cette réorganisation se justifie par la situation géographique et l'importance politique des trois points dont l'union administrative a été consacrée par le décret du 4 mai 1888.

AGRICULTURE

COMMERCE ET INDUSTRIE

Produits importés dans la colonie. — Produits exportés de la colonie.

MINES

Culture. — La principale culture est celle du riz pour la nourriture des indigènes qui font venir et viennent en grand nombre se grouper sous la protection que leur assure le drapeau de la France.

Des cultures maraîchères ont été tentées avec succès par des colons européens et surtout créoles bourbonnais.

L'élevage des bœufs prospère dans les endroits arrosés du territoire où nos armes assurent la sécurité des propriétaires, depuis les pentes nord de la montagne d'Ambre jusqu'à l'extrémité de la presqu'île du cap d'Ambre et sur les rivages aux lignes tourmentées des diverses parties de la grande baie de Diégo-Suarez.

L'élevage des moutons, des cabris et des porcs réussira dès qu'on voudra s'en occuper, comme le prouvent quelques essais encore trop timides.

Lorsque le canal de dérivation projeté de la rivière Alanaudriana viendra féconder le sol aride jusqu'ici du plateau d'Antsirana, la culture du maïs nécessaire à l'alimentation des chevaux et mulets de l'artillerie ne peut manquer de réussir au gré des planteurs.

Importation. — Il s'importe ici directement beaucoup de tissus allemands et anglais qu'il sera facile à nos fabricants de remplacer lorsqu'ils voudront bien prendre la peine de se plier aux goûts des populations qui consomment ces produits.

Les vins, les liqueurs, les conserves, les vêtements confectionnés, la chaussure, la chapellerie commune, la quincaillerie trouvent un bon écoulement ici.

Les vins d'Algérie et de Grèce seraient appréciés, vu leur bon marché, si la qualité et le logement étaient soignés en conséquence d'un voyage assez long.

Exportation. — Animaux vivants, des bœufs principalement, produits et dépouilles d'animaux, peaux salées.

Les bois d'essences propres à la menuiserie ne sont pas exploités. Leur exportation est interdite jusqu'ici.

Mines de lignite de Bahour. — Ce lignite, d'après les analyses faites tant ici qu'en France, renferme en moyenne 53,97 de matières volatiles, et 46,03 de matières fixes 0,0.

Commerce.

Le port de Diégo-Suarez est dans les meilleures conditions pour devenir un établissement commercial important. Là où l'on n'eût pas compté, il y a trois ans, une centaine d'indigènes, se trouvent agglomérés maintenant 6 à 7,000 habitants. La rade est exceptionnellement avantageuse au point de vue de la sécurité des navires, et Diégo, aujourd'hui port franc, va devenir pour Madagascar un entrepôt des plus utiles.

Une route relie déjà ce port à la baie du Courrier, soit une distance de 6 kilomètres; un tramway y sera prochainement installé et Diégo est en mesure de fournir de marchandises les caboteurs qui circulent le long de la côte ouest, en leur évitant le passage du cap d'Ambre où les courants marins et aériens sont une cause de dangers constants pour la navigation.

Il est regrettable de constater que les marchandises françaises ne figurent encore qu'à l'état d'exception à Diégo-Suarez. Le marché est encombré de produits anglais et allemands. Or, certains articles, notamment les cotonnades à fleurs ou à dessins, de couleurs éclatantes, devraient être fournis à aussi bon compte par nos maisons de Rouen que par les négociants anglais ou indiens. Ces étoffes se vendent au yard, sur largeur de 65 centimètres, de 50 centimes à 1 franc. Ce qui se vend à Diégo se vend sur tous les points de la côte et en grande quantité.

Il y a là une situation avantageuse à exploiter pour notre commerce d'exportation, et il importe de la signaler aux industriels français qui ont tout intérêt à trouver des débouchés pour leurs produits. Les commerçants de Diégo prendraient facilement l'habitude de se fournir en France si l'envoi de quelques échantillons leur démontrait la supériorité de notre fabrication nationale.

Diégo-Suarez forme le sommet d'un triangle dont la base serait formée par Nossi-Bé, sur la côte-ouest; Sainte-Marie, sur la côte est.

Assez vaste pour abriter les flottes les plus considérables, la baie de Diégo est à peu de distance des gisements houillers de Passandava, auxquels il serait facile de la relier par un chemin de fer Decauville. Diégo-Suarez est devenu en peu de mois un centre important de colonisation : les exploitations agricoles s'y développent avec succès; les nombreuses salines qui entourent la baie sont en pleine exploitation. Un village, presque une petite ville, est sorti de terre.

NOSSI-BÉ

SITUATION GÉOGRAPHIQUE

L'île de Nossi-Bé est située près de la côte ouest de Madagascar, entre le 13° 11' et 13° 25' de latitude S. et entre les 45° 53' et 46° 7' de longitude O. Elle a la forme d'un quadrilatère irrégulier plongé au nord par la presqu'île de Navetzi et au sud par le morne de Loucoubé. Sa plus grande longueur, de la pointe d'Ampourah à la pointe sud de Loucoubé, est à 22 kilomètres; sa plus grande largeur, d'Angarroukarang à Andiamakaboar est de 15 kilomètres. Sa superficie totale est de 20,300 hectares environ.

Son nom est un assemblage de deux mots malgaches : Nossi (île) et Bé (grande). Cette application, que ne justifie pas son étendue, exprime seulement qu'elle est plus considérable que ses voisines, soumises au protectorat de la France et qui ont nom Nossi-Mitriou, Nossi-Cora, Nossi-Foly et que les îlots Nossi-Comba, Nossi-Vorou, Nossi-Fonihi, Tony-Kily, Sokaria, Tendraka, Nossi-Tanga et Antsouchéry, situés dans les eaux de Nossi-Bé.

Complètement distincte du groupe des Comores, dont l'une, Mayotte, appartient à la France, l'île de Nossi-Bé n'en est séparée que de 60 lieues, distance que les bateaux à vapeur franchissent ordinairement en dix-huit à vingt-quatre heures. Placée immédiatement à l'entrée de la baie de Parsondava, laquelle est terminée au nord par la presqu'île d'Ankify, il suffit, en effet, de quelques heures, même avec une petite embarcation, pour s'y rendre.

L'île de Nossi-Comba, immense cône de 600 mètres de hauteur, sépare Nossi-Bé d'Ankéfy.

Le point culminant de Nossi-Bé, à sa partie sud, est sur le morne Loucoubé; il est élevé de 463 mètres au-dessus du niveau de la mer et s'aperçoit d'une distance de 12 à 15 lieues. Ce sommet est recouvert de forêts qui dominent sur le côté sud; il n'est à nu que sur la partie ouest, où les défrichements par le feu ont détruit un grand nombre d'arbres. Plusieurs mornes d'une moindre hauteur et tapissés d'herbes occupent le centre de l'île; d'autres, par leur forme de cône tronqué, attestent la présence de volcans éteints; le sol est, d'ailleurs, d'origine volcanique : on rencontre partout des traces de lave. Plusieurs de ces mornes recèlent des lacs dont quelques-uns ont une certaine étendue.

Les points les mieux cultivés sont ceux qui avoisinent le rivage et où une plage de sable permet aux navires d'accoster. La partie nord seulement est plus aride et présente des points dépourvus de verdure et hérissés de roches noires et aiguës.

Nossi-Bé a de grands éléments de prospérité, grâce au voisinage de Madagascar et à sa nombreuse population, qui augmente tous les jours, à la facilité d'accès et la sécurité qu'offre sa rade, à l'excellente qualité de ses terres, à l'espèce de foire qui s'y tient tous les ans et qui fait de l'île un rendez-vous de tous les caboteurs de la côte d'Afrique et des négociants de Bombay.

Nossi-Bé ne possède point de rivière navigable, mais seulement quelques ruisseaux importants dont l'eau est potable toute l'année; ils prennent leur source dans toutes les montagnes; l'un d'eux passe au pied du plateau d'Hell-Ville (latitude 43° 23' 16" S., longitude 45° 39' 44" E.), où sont établis les chefs-lieux de la colonie et le siège du gouvernement.

Depuis 1878, on a construit à l'extrémité du village d'Andouane, qui fait suite à Hell-Ville, un Château d'eau dont le réservoir, constamment rempli, alimente la ville au moyen de tuyaux en fonte avec lignes obliques s'étendant jusqu'à l'extrémité de la jetée du port, où les bâtiments peuvent très facilement faire leur eau en quelques heures.

CLIMAT, MÉTÉOROLOGIE

La température de Nossi-Bé est à peu près la même que celle de Mayotte mais elle offre peut-être de meilleures conditions de salubrité. Les pluies y sont plus fréquentes.

Le thermomètre y varie de 27 à 33° centigrades. Pendant la nuit, du mois de mai au mois de juillet, le thermomètre descend parfois jusqu'à 17° seulement.

L'hivernage, saison la plus chaude, commence en novembre et se termine en avril et mai. Pendant cette période, les orages sont pour ainsi dire continuels et, très violents. La mer, par l'attraction qu'elle exerce sur la foudre, protège l'intérieur de l'île qui n'est presque jamais atteint.

AGRICULTURE

COMMERCE ET INDUSTRIE

Produits importés dans la colonie. — Produits exportés de la colonie.

Cultures de la colonie. — Cannes à sucre, riz, maïs, manioc, vanille, tabacs, cafés, cocos, citrons, légumes.

Importations dans la colonie. — Animaux vivants, produits et dépouilles d'animaux, matières dures à tailler, farineux alimentaires, fruits et graines, denrées coloniales de consommation, pêches, sucs végétaux, bois communs, fruits, tiges et filaments à ouvrer, teintures non préparées, teintures préparées, produits et déchets divers, pierres, terres et combustibles minéraux, métaux, produits chimiques, couleurs, compositions diverses, boissons, vitrifications, fils, tissus, papier et ses applications, ouvrages en matières diverses.

Exportations de la colonie. — Animaux vivants, produits et dépouilles d'animaux, pêches, matières dures à tailler, farineux alimentaires, fruits et graines, denrées de consommation, sucs végétaux, bois, pierres, terres et combustibles minéraux, métaux, produits chimiques, compositions diverses, boissons, vitrifications, tissus, papier et ses applications, ouvrages en matières diverses, couleurs, produits et déchets divers, articles divers.

SAINTE-MARIE DE MADAGASCAR

SITUATION GÉOGRAPHIQUE

Sainte-Marie, en malgache Nossi-Bourahe ou Ibrahimou, est une étroite bande de terre allongée obliquement du N.-N.-E. au S.-S.-O. parallèlement à la côte de Madagascar, dont les hautes montagnes, dressées en triple étage, bornent son horizon.

Son extrémité N. est située par 16° 40' latitude S. et 47° 55' longitude E., son extrémité S. par 17° 8' latitude S. et 47° 32' longitude E., sa partie moyenne par 16° 54° latitude et 47° 50' 30" longitude E.

Elle est séparée de la Grande-Terre par un canal variant depuis 30 jusqu'à 3 milles. De l'île aux Nattes (sud) à Manankatafa, et de Louklutsy (nord) à la pointe à Larrée, on compte à peine 5 à 3 milles, tandis que, de l'îlot Madame à Soanirana, le canal est large de 30 milles.

La longueur de Sainte-Marie est d'environ 50 kilomètres; sa largeur atteint 3 kilomètres en moyenne et sa superficie totale est de 16,500 hectares.

Dans les trois quarts de son pourtour, au sud, à l'ouest et principalement à l'est, elle est défendue par une ceinture de recifs qui s'avancent sur la côte orientale jusqu'à 3 milles en mer. Cette ligne double et même triple de brisants constitue un péril pour les navires, mais une défense naturelle contre un débarquement.

A un mille de la partie sud (pointe Blevec), se trouve l'île aux Nattes avec un phare d'une portée éclairante de 12 milles.

CLIMAT, MÉTÉOROLOGIE

A Sainte-Marie de Madagascar, les pluies précédées de violents orages durent ordinairement de novembre à la mi-juin. La saison sèche est très accentuée, à ce point que les sources tarissent.

AGRICULTURE

COMMERCE ET INDUSTRIE

Produits importés dans la colonie. — Produits exportés de la colonie.

Cultures de la colonie. — Riz, embrevades, cannes à sucre, girofliers, caféiers, cocotiers, cacaoyers, vanilliers, tabacs, manioc, songes, patates, woëme.

Le sol de Sainte-Marie se prête à la fois aux cultures des tropiques et à celles de l'Europe. Les pêchers croissent à côté des citronniers et des jam-roses. On y cultive le tabac de Dellys, l'indigotier du Guatemala, le cotonnier et les gommiers de l'Australie.

Importations dans la colonie. — Animaux vivants, produits et dépouilles d'animaux, pêches, farineux alimentaires, fruits et graines, denrées coloniales, huiles et sucs végétaux, espèces médicinales, bois de toutes sortes, filaments, tiges et fruits à ouvrer, produits et déchets divers, pierres, terres et combustibles minéraux, produits chimiques, compositions diverses, couleurs, boissons, vitrifications, fils et tissus, ouvrages en matières diverses, articles divers.

Exportations de la colonie. — Produits et dépouilles d'animaux, pêches, farines alimentaires, fruits, denrées coloniales, huiles et sucs végétaux, bois de toute sorte, combustibles minéraux, produits chimiques, compositions diverses, boissons, vitrifications, tissus, ouvrages en matières diverses, articles divers.

Commerce.

L'importance de cette île est toute dans son port sur lequel on ne saurait trop fixer l'attention. Deux pointes avancées dans le canal, celles de Belle-Vue au sud, et des Sorciers, au nord, embrassent la rade qui s'enfonce dans les terres. Il y a là un excellent mouillage pour les plus fortes escadres. Le port proprement dit ne commence qu'à la pointe de l'îlot Madame, où il se resserre entre la côte d'Amboudifotre et les quais de l'îlot. Les plus grands navires s'y amarrent en toute sécurité pour recevoir les réparations nécessaires.

A partir de l'îlot, le port s'élargit, reçoit l'Antsa, baigne l'île aux Fort ans, puis s'arrête au pied des collines Saint-Pierre, qui le barrent en le protégeant des vents sur une longueur de 5 kilomètres.

Sainte-Marie possède 6 forêts relativement considérables, eu égard à l'étroitesse de son territoire.

On y trouve diverses essences précieuses, notamment l'Intsy, dont les poutres résistent à une immersion de plus de 30 années dans l'eau de mer.

La monnaie française avec toutes les subdivisions est en abondance. Une minime partie seulement disparaît sur la Grande-Terre où les Hovas la fractionnent à l'infini pour leur usage.

Sainte-Marie a été rattachée administrativement à Diego-Suarez par un décret du 4 mai 1888.

PROTECTORAT DE MADAGASCAR

MADAGASCAR

SITUATION GÉOGRAPHIQUE

L'île de Madagascar est située dans l'Océan Indien, entre les 11°58' et 25°40' de latitude S. et les 40°45' et 48° de longitude E.

Elle est séparée de la côte orientale d'Afrique par le canal de Mozambique, à plus de 600 kilomètres de l'île Maurice.

Cette île, la plus belle, la plus grande et la mieux située, au point de vue stratégique, de l'Océan Indien, mesure une superficie de 60 millions d'hectares, soit 7 millions de plus que la France.

CLIMAT

Le climat de Madagascar est chaud, humide, débilitant pour les Européens; l'intérieur, et principalement le plateau d'Ankova, sont salubres, mais la fièvre intermittente règne constamment sur les côtes.

AGRICULTURE

—

COMMERCE ET INDUSTRIE

Produits importés dans la colonie. — Produits exportés de la colonie.

———

Agriculture.

Les tentatives de culture ou d'exploitations diverses qui ont été faites à Madagascar, sans produire un résultat commercial appréciable jusqu'à ce jour, sont les suivantes :

1° *Cacaos et girofles.* — Des plantations assez restreintes de cacaoiers et de girofliers ont été essayées sur la côte est, principalement aux environs de Tamatave, Vatomandry et Mahanoro.

2° *Coton.* — Des tentatives de plantations de coton ont été faites, il y a quelques années, à Mahanoro, par une compagnie anglaise associée au Gouvernement de l'île. Les résultats n'ont pas été satisfaisants et l'entreprise a été abandonnée. Les indigènes, bien qu'ils aient un débouché tout indiqué à Tananarive, où les tisserands sont le plus souvent réduits à effiler les vieilles cotonnades américaines pour se procurer le coton dont ils ont besoin, n'ont pas poursuivi cette culture, à cause des difficultés qu'elle présente.

On assure que sur la côte occidentale le coton viendrait plus facilement.

3° *Ramie.* — Les premières plantations de ramie ont été faites en 1882, à Vatomandry. Bien qu'abandonnées pendant les hostilités, elles se sont accrues considérablement. Mais les machines employées pour enlever les fibres de la plante ont été défectueuses.

4° *Manioc et Arow-Root.* — Le manioc et l'arow-root viennent dans d'excellentes conditions à Madagascar; les indigènes cultivent la première de ces racines dont ils se nourrissent. Jusqu'à ce jour, il n'a guère été exporté de ces produits qu'à l'île Maurice. Si des relations directes et suivies avec l'Europe pouvaient être établies, la fabrication du tapioca et de l'arow-root, qui ne nécessite pas d'installations considérables, donnerait, sans doute, des résultats satisfaisants.

Indigo. — Cette plante pousse à l'état sauvage dans presque toutes les parties de la grande île; les indigènes l'utilisent pour teindre leurs lambas. Mais, par suite de son éparpillement, l'exploitation industrielle en est malaisée en l'état actuel. Comme elle cro't vite, il est à supposer que, si une culture bien entendue était tentée, elle donnerait de bons résultats.

Café. — Les premiers essais de plantation du café à Madagascar datent de 1872; ils ont été faits sur la côte sud-est. Dès 1875 on put en exporter 200,000 kilogrammes; mais un coup de vent d'une très grande violence, le défaut de machines pour la préparation, le mauvais choix des terrains et probablement aussi l'inexpérience des planteurs, firent avorter ces tentatives. Elles furent reprises ensuite dans de meilleures conditions et semblent devoir donner un résultat plus satisfaisant.

Commerce et Industrie.

Importation. — Tous les produits importés à Madagascar parviennent d'Europe et d'Amérique, à l'exception du rhum venu de Maurice et de la farine apportée d'Australie. Cet état de choses tend en ce moment à se modifier, et l'Inde semble devoir prendre une grande place parmi les pays importateurs. Nous indiquerons plus loin dans quelles conditions ce changement, qui n'est encore qu'à ses débuts, doit se produire.

La plus grande partie des objets d'importation prennent le chemin de Maurice, qui sert de lieu de transit; de là ils sont dirigés sur Madagascar.

Successivement, nous passerons en revue, par ordre d'importance, les articles d'importation.

Tissus. — Trois sortes de tissus sont introduits à Madagascar : 1º tissus de coton; 2º tissus de soie; 3º tissus de laine.

Les tissus de coton apportés dans la grande île sous le nom de « toiles américaines », tiennent la première place. C'est avec cette étoffe que l'indigène s'habille; le lamba qui lui entoure le corps et constitue le vêtement indispensable à la plus grande partie des habitants se compose d'un simple morceau de cette étoffe. Parmi les natifs, il n'y a plus guère aujourd'hui que les gens tout à fait pauvres qui se contentent du lamba de chanvre, moins coûteux que le premier.

L'Angleterre a eu, au début, le privilège de la vente des cotonnades, mais depuis longtemps elle est impuissante à soutenir la concurrence que lui fait l'Amérique. Actuellement, la toile américaine se vend 17 fr. 50 les 50 yards, pesant ensemble 16 livres françaises, ce qui donne un tissu de 1 fr. 10 la livre. Au détail, l'indigène peut se procurer 6 yards d'étoffe qui l'habilleront pour une période d'au moins six mois pour une somme de 2 francs à 2 fr. 50.

La toile américaine semble toutefois devoir être supplantée sur le marché de Madagascar par les cotonnades de l'Inde. Les grands fabricants anglais, comprenant qu'ils ne pourraient reconquérir la place en opérant dans la métropole, ont établi depuis plusieurs années d'importantes usines dans l'Inde, notamment à Bombay, le point où se concentrent des quantités considérables de coton. Déjà les produits fabriqués en Hindoustan encombrent les marchés de Port-Louis et de Zanzibar, d'où ils ont chassé les étoffes allemandes. Il est à prévoir que, dans un avenir rapproché, Madagascar verra apparaître ces cotonnades dont le prix est encore moins élevé que celui de la toile américaine.

La consommation des tissus de coton n'augmente pas bien que le nombre des gens qui en font usage ait presque doublé depuis 1882. Par suite de l'état de pauvreté où ils se trouvent, beaucoup d'habitants sont astreints à porter un laml a confectionné avec un simple morceau d'étoffe, alors qu'autrefois ils prenaient un double d'étoffe.

Les tissus de soie trouvent leur emploi dans l'habillement de la classe élevée de la population, notamment en Emyrne, où les femmes se parent volontiers d'étoffes de ce genre, aux couleurs brillantes. La France, la Suisse et l'Angleterre tiennent le marché pour cet article, la première pour les soieries de belle qualité, les deux autres pour les produits inférieurs.

Actuellement, dans les conditions économiques où se trouve Madagascar, la vente de cet article ne semble pas devoir prendre plus d'importance que par le passé. Toutefois, une maison qui s'occuperait d'acheter à bon marché, dans nos grands magasins de la capitale, des soldes de soieries, trouverait à s'en défaire avantageusement à Tananarive.

Les tissus de laine ne sont guère employés que par les habitants de l'intérieur, dans les régions où le froid se fait sentir. L'Angleterre et la France importent ces tissus sous forme de couvertures, d'étoffes destinées à faire des vêtements à la mode européenne, que beaucoup d'indigènes ont pris l'habitude de porter. Mais ces tissus sont tous vendus à bas prix.

Il est à remarquer que le commerce des tissus de soie et de laine se fait presque entièrement par Tamatave.

Boissons. — Le commerce d'importation des boissons comprend trois articles principaux : le rhum, le vin, les liqueurs. Les vinaigres, limonades, bières, n'entrent que pour une très faible part dans la consommation.

Rhum. — C'est surtout chez les populations de la côte, Betsimisarakas, Antakares, Sakalaves, que cette liqueur trouve de grands débouchés; en Emyrne, chez les Betsiléos, la consommation en est moins importante, non pas à cause de la sobriété de l'habitant, mais grâce à la production d'un alcool indigène. Le transport de Tamatave à Tananarive coûte environ 0 fr. 60 par litre.

En temps normal, l'île Maurice expédie, à Tamatave seulement, 6,000 barriques de rhum et dans tout Madagascar au moins 17,000 à 18,000 barriques. Majunga est un point où ce commerce a lieu sur une grande échelle; c'est là ou mieux à Maroway que les tribus du nord-ouest et de l'ouest viennent s'approvisionner.

Vins. — Le vin envoyé à Madagascar est acheté presque en totalité par les Européens; les indigènes, sauf quelques-uns pour lesquels c'est plus un luxe qu'une habitude, n'en boivent pas.

Il est expédié *via Maurice* d'assez importantes quantités de vins italiens.

Liqueurs et spiritueux. — Les indigènes achètent volontiers certaines liqueurs, le cognac notamment, et l'habitude se prend chez les gens aisés, de plus en plus, d'en faire une consommation quasi journalière.

Rarement on trouve à Madagascar de bonnes marques : un prix peu élevé est la première condition pour la vente.

Conserves, viandes salées. — Madagascar est un pays où la viande de bœuf, de mouton, de porc est abondante ainsi que la volaille ; ces aliments sont d'un prix peu élevé.

Les produits désignés sous le nom de conserves, viandes salées, comprennent aussi le poisson sec ou fumé, le lait, le beurre, le fromage, le saindoux.

Ouvrages en métaux. Quincaillerie. — Les ouvrages en métaux divers, ferblanc, fonte, acier, cuivre, les machineries, proviennent, en grande partie, d'envois de l'industrie française.

Mais cette supériorité ne se maintient pas dans la quincaillerie. Si nous fabriquons mieux que les Anglais, ces derniers produisent à meilleur marché, et à Madagascar, vis-à-vis de gens qui ne disposent généralement que de faibles ressources, le bon marché est une condition inévitable de succès pour tout article qui ne constitue pas un monopole. De là le peu de faveur avec lequel sont accueillis nos produits.

Les ustensiles de cuisine, la coutellerie, la serrurerie, les outils, les hameçons, les scies, haches, herminettes, etc., forment la base de ce commerce.

Il convient de mettre à part, à cause de l'importance qu'il tend à prendre, le commerce de la tôle galvanisée. Il se fait à Tamatave, ainsi que dans tous les ports de la côte est, une importante consommation de cet article. La plupart des maisons d'habitation des Européens et des magasins sont recouverts avec cette tôle, et l'usage en est développé chaque jour. Vohemar, Marausette, Vatomandry, Mahanoro, Mananjary en reçoivent des quantités appréciables.

Ce produit est exclusivement livré par l'Angleterre, au prix moyen de 5 fr. la feuille de 3 mètres de long sur 0 m. 75 à 0 m. 80 de large.

Dans cette catégorie d'articles, il faut également signaler les armes à feu. La vente des armes avait été interdite par le Gouvernement hova, mais elle est, en réalité, autorisée ou mieux tolérée.

La côte ouest alimente surtout ce commerce. Là, toutes les maisons qui font l'exportation introduisent des armes et de la poudre qui sont données aux Sakalaves en échange de produits indigènes. Le plus souvent, ce sont des fusils à pierre ou de modèles anciens qui servent à assurer ce trafic.

Enfin, on doit encore signaler la bijouterie et l'horlogerie, qui ne donnent lieu qu'à des transactions restreintes et dont le commerce se fait incidemment sans que des magasins spéciaux puissent être établis.

Ouvrages en matières diverses. — Sous cette dénomination sont compris la bimbeloterie, la chapellerie, les confections et modes, la parasolerie, la poudre de chasse, les lièges ouvrés, les allumettes, les cordages, la tabletterie, les fleurs artificielles.

La supériorité qui nous appartient dans la vente de la bimbeloterie, de la tabletterie, des modes, ne se retrouve pas dans les autres articles. Le liège ouvré vient exclusivement d'Angleterre et d'Allemagne. Les allumettes étrangères sont également en faveur, bien que de mauvaise qualité.

Compositions diverses. — Les médicaments, la parfumerie, la bougie, les savons à nettoyer sont compris sous cette dénomination.

Les médicaments sont envoyés principalement par la Grande-Bretagne. Le sulfate de quinine, l'iodure de potassium, les sels de mercure forment la base essentielle de ce commerce. En réalité, la quantité des produits pharmaceutiques introduits à Madagascar est beaucoup plus considérable, les pasteurs protestants anglais ayant obtenu l'exonération des droits de douane pour leurs médicaments, par la raison qu'ils entretiennent des hôpitaux pour les indigènes.

La parfumerie est presque exclusivement française. Ce commerce ne s'est pas encore rétabli du coup que lui a porté la guerre. Tous les produits de parfumerie expédiés à Madagascar sont vendus à bas prix, mais doivent être bien enveloppés, l'indigène attachant une grande importance à ces détails.

Les savons à laver entrent dans les importations pour une somme de 115,927 fr. 12, sur laquelle 10,653 fr. 92 proviennent de la vente de produits rançais. Avant les hostilités, le savon de Marseille tenait à lui seul la place. Depuis, les Anglais ont introduit un savon blanc qu'ils vendent à très bas prix.

Poteries, verres, cristaux. — L'usage de la poterie et de la verrerie tend de plus en plus à se généraliser; elles remplacent les instruments en bois employés autrefois par les indigènes, ou même les poteries mal fabriquées et lourdes du pays.

Comme en tout, le Malgache recherche ce qui est bon marché et ce qui lui frappe l'œil. Les Allemands semblent avoir réalisé cette double condition, et leurs navires apportent à Madagascar des cargaisons considérables de faïences décorées qu'ils placent facilement sur le marché.

La vente des dames-jeanne fait l'objet d'un commerce spécial à Madagascar, tout entier aux mains des Allemands. La totalité du vin qui, des ports de la côte, doit être transporté à l'intérieur, est renfermée dans des récipients de ce genre.

Farineux alimentaires. — Dans cette catégorie entrent le riz, les pâtes alimentaires, les fécules, les grains secs, etc.

La farine de froment n'est employée que pour la nourriture des Européens; les Malgaches même ne consomment du pain qu'en de rares occasions. L'Amérique et l'Australie fournissent la presque totalité de ce qui est nécessaire.

Denrées coloniales de consommation. — En première ligne viennent le tabac, le café et le sucre; le thé et le chocolat ne donnent lieu qu'à des transactions presque insignifiantes. Toutes ces denrées sont exclusivement consommées par les étrangers.

Maurice importe le sucre et le café. En temps ordinaire, ce commerce est moins important, mais les plantations de café et de cannes, les usines à sucre, abandonnées pendant la guerre, ont déterminé cette anomalie. Il faut, toutefois, signaler l'entrée à Tamatave d'une quantité de café provenant de la côte sud-est de Madagascar.

Fils, mercerie. — Le commerce des fils et de la mercerie à Madagascar est presque entièrement aux mains des Anglais.

Sel. — La plus grande partie du sel introduit à Madagascar vient de Marseille,

Papier et ses applications. — Les missions protestantes, alléguant qu'elles dirigent des écoles gratuites à Madagascar, ont sollicité et obtenu la franchise de tous droits d'entrée pour les articles de classe, tels que papier, livres, plumes, encre, etc. Il s'ensuit que ce commerce, qui devrait être l'objet de transactions considérables, le Malgache usant beaucoup de papier, n'a que peu d'importance au point de vue douanier.

L'Angleterre tient la première place dans l'importation du papier et de la librairie.

Huiles et sucs végétaux. — Sous cette rubrique il faut comprendre l'huile d'olive, l'huile de coco, l'huile de pistache. Les deux dernières espèces n'entrent que pour une très faible part dans la consommation.

L'huile d'olive importée à Madagascar provient presque entièrement de Marseille; elle n'est pas employée par les Malgaches.

Peaux et pelleterie ouvrées. — La chaussure, les gants, la sellerie sont les principaux articles de vente courante à Madagascar; mais, seuls, les étrangers et les indigènes aisés alimentent ce commerce.

La chaussure à bon marché, particulièrement celle en cuir verni, se place facilement à Tananarive, les natifs apprécient fort cet article et mettant souvent tout leur amour-propre à faire usage de souliers; c'est même là une des plus grandes distinctions sociales. Avant d'adopter le vêtement européen, on commence par porter des chaussures de même que les étrangers.

Les gants sont presque toujours de provenance française.

Produits chimiques et couleurs. — L'acide sulfurique, les couleurs, la peinture à l'huile sont les trois articles compris sous cette dénomination.

L'acide sulfurique est employé pour la coagulation du caoutchouc et pour faire fonctionner les machines à glace.

Instruments de musique. — Les accordéons sont presque les seuls instruments de musique d'un écoulement facile à Madagascar. On en rencontre partout. Ce sont des articles de qualité inférieure et de provenance allemande.

Pierres, terres, combustibles, minéraux. — Cette catégorie comprend une assez grande quantité de produits, tels que ciment, chaux, plâtre, goudron, essence de térébenthine, huile de pétrole. Employés seulement par les Européens, ils ne constituent pas un commerce sérieux. Le prix élevé du transport empêche les indigènes de se servir à l'intérieur des matières propres aux constructions et, sur la plupart des points du littoral, il est défendu de construire en pierres.

Cuirs. — Il y a lieu de distinguer sous cette rubrique quatre articles : les peaux de bœuf, de chevreau, de mouton et de porc.

En 1886, il a été exporté par Tamatave pour 521,222 fr. 95 de ces produits.

La peau de bœuf constitue l'objet principal d'exportation: elle est salée, séchée, et c'est sous cette forme qu'elle s'expédie. Rendue à bord, elle revient de 45 à 52 francs les 50 kilogr., chaque cuir étant de bonne qualité et pesant entre 10 et 15 kilogr. L'Allemagne et surtout l'Amérique en exportent des quantités considérables.

On a indiqué comme cause du peu de faveur dont jouissent en Europe les

4

cuirs de Madagascar, leur mauvaise préparation et la bosse qui rend inutilisable presque un tiers de la surface. Ces raisons ne sauraient être acceptées, car elles ont la même valeur en Amérique, où ce produit trouve aisément un placement.

La peau de chèvre est exportée presque entièrement par les Anglais, qui l'emploient pour la cordonnerie.

Animaux vivants. — Cette catégorie comprend : 1° Les bœufs; 2° les porcs; 3° les volailles.

Les bœufs vivants qui sortent de Madagascar sont destinés à pourvoir à la consommation des deux îles voisines, Maurice et la Réunion, où cet animal fait défaut.

Tamatave partage avec quelques autres points de la côte nord-est, notamment Tananarive et Vohemar, le monopole de cette exportation, qui tend, de jour en jour, à diminuer sur cette côte pour s'effectuer par les ports de la côte occidentale.

Quelques porcs et des volailles sont également exportés à destination de Maurice et de la Réunion.

Caoutchouc. — Depuis quelques années, l'exploitation du caoutchouc a diminué considérablement, notamment sur la côte sud-est. Autrefois les forêts de Madagascar contenaient en abondance la liane qui donne ce produit; mais les incendies et un procédé d'exploitation mal compris ont bientôt amené un ralentissement sérieux dans ce commerce.

On affirme que l'arbre caoutchouc existe également à Madagascar.

Rafia. — Le rafia est un palmier qui croît sur la côte est, principalement à Vatomandry, Mahanoro, Sambava et Antalaha; on en rencontre également sur la côte ouest, mais il n'est pas exploité.

Depuis quelques années la fibre du rafia est très employée en Europe, notamment en Allemagne, en Belgique et surtout en France où elle sert pour lier les vignes. Les horticulteurs, les fleuristes en font également une certaine consommation.

Cire. — Partout où se trouvent des forêts, ce produit est abondant et fait l'objet d'un commerce assez actif.

Les principaux points d'embarquement sont : Tamatave, Vatomandry, Mahanoro et surtout Mananjary, à cause de la proximité de la province des Betsileos, pour le côté est; Majunga pour le côté ouest.

Café. — Sans valoir le café Bourbon, celui de Madagascar est de bonne qualité et a le mérite de se vendre à un prix beaucoup moins élevé (72 centimes à 85 centimes le kilogr. à Tananarive).

Riz. — L'incendie des forêts a augmenté l'espace découvert, les conditions climatériques ont été modifiées, et il en est résulté qu'en beaucoup d'endroits où le riz croissait parfaitement, il est aujourd'hui impossible de le faire venir.

Aussi l'exportation a-t-elle diminué d'année en année et, actuellement, Madagascar, au lieu d'en envoyer au dehors, est obligée d'en demander à l'Inde, Tamatave et toute la partie nord-est, entre Angonsy et Vohemar, reçoivent le riz de l'extérieur.

Sucre. — C'est surtout dans les environs de Tamatave que les plantations de cannes ont été faites et les usines à sucre installées.

De grands obstacles paraissent s'opposer à la prospérité de cette industrie là où elle a été créée :

1° Le manque de travailleurs que l'on est obligé de faire venir du sud et qui gagnent le double de ce qu'ils seraient payés chez eux;

2° Le riz qui sert à la nourriture des indigènes employés est toujours à un prix très élevé à Tamatave;

3° Les terrains autour de Tamatave ont été achetés ou loués à des prix très onéreux.

Ces inconvénients font que le sucre produit à Tamatave revient de 20 à 25 0/0 plus cher que celui fabriqué plus au sud sur la côte entre Vatomandry et Fort-Dauphin. Dans cette région, la main d'œuvre est abondante, le riz produit sur place est à meilleur marché ainsi que les terrains; enfin un réseau de petites rivières navigables, communiquant presque toutes entre elles, abaisse considérablement le prix du transport.

Ces considérations s'appliquent d'ailleurs à toutes les industries et plantations de la côte exigeant des bras nombreux et donnant des produits d'encombrement.

Vanille. — Le centre de la culture de la vanille est compris entre Vatomandry, Mahanoro et Mahola.

De nouvelles plantations sont faites et des maisons françaises ont dernièrement envoyé des agents sur les lieux de production pour acheter les récoltes pendantes.

Gomme copal. — La gomme copal, ou mieux la résine copal, donne encore lieu à quelques transactions.

Vohemar et Sambava sont actuellement les seuls ports qui exportent la gomme copal.

Sur la côte ouest, des transactions importantes à propos de cet article pourront s'effectuer dès que l'exploitation des copaliers qui s'y trouvent aura été entreprise.

Situation économique.

Madagascar traverse actuellement une crise économique causée par trois années d'hostilités et par la disparition de certaines exploitations qui avaient fait la prospérité momentanée du commerce de la grande île, sans que de nouvelles les aient remplacées. Obligé de solder en Europe ses achats d'armes et de munitions, de demander à l'extérieur le riz nécessaire à la nourriture d'une fraction de la population, ayant prohibé la sortie des denrées alimentaires qui, seule, pouvait encore procurer quelques revenus, le Gouvernement de l'Emyrne dut faire des envois considérables d'argent. La réserve du numéraire ne tarda pas être épuisée, et, dès lors, ce fut au moyen de prélèvements extraordinaires sur les habitants qu'on pourvut aux nécessités du moment.

Bien que la paix soit rétablie, cette situation persiste. Les envois de numéraire se continuent parce que la production a été arrêtée et que les marchandises d'exportation n'arrivent plus au port. Fatigué par une longue période de guerre, le Malgache est rentré dans sa demeure, ne pensant qu'au repos et ne s'attachant qu'à satisfaire ses besoins immédiats. Il n'a pas songé à reprendre l'exploitation des richesses naturelles du pays pour ensuite en envoyer les produits à la côte : il s'est contenté de cultiver le champ de riz qui doit le nourrir. Et cela s'est effectué d'autant plus facilement que nombre de petits marchands indigènes, qui servaient autrefois d'intermédiaires entre le producteur et le commerçant européen, ont disparu, ruinés, morts ou pris par le service militaire.

Quelque faibles que soient les importations, elles dépassent encore de beaucoup les exportations et la différence doit être soldée en numéraire qui disparaît de Madagascar. Depuis 1883, c'est un écoulement continu d'argent de l'intérieur à l'extérieur. Aujourd'hui, il n'en reste plus sur place; l'acheteur ne se montre pas, et le négociant qui ne possède que des avances insuffisantes, ne trouvant pas à échanger sa marchandise soit contre des espèces, soit contre des produits, a recours aux ventes à l'encan, toujours préjudiciables à ses intérêts, car elles déprécient la marchandise dans de fortes proportions.

La monnaie française (pièces de cinq francs) est la seule en usage dans le pays.

Dans les conditions actuelles, il semble que le développement de la richesse publique dans la grande île africaine doit être le seul moyen de remédier à une situation qui ne pourrait longtemps se prolonger sans conduire le pays à une ruine complète. De cette manière seulement on modifiera les transactions en les étendant.

Au contraire, la création des industries locales apportera à l'indigène sinon la richesse, du moins l'aisance; il n'hésitera plus dès lors à satisfaire ses goûts qui deviendront, dans la suite, des besoins. Les marchandises entreront par conséquent en plus grand nombre, en même temps que les produits de qualité supérieure seront recherchés. C'est une opération d'assez longue haleine, mais c'est aussi la voie la plus sûre pour arriver au relèvement des affaires à Madagascar.

LA RÉUNION

ILE DE LA RÉUNION

SITUATION GÉOGRAPHIQUE

L'île de la Réunion est située dans la mer d Indes à 33 lieues marines au S.-O. de l'île Maurice, à 140 lieues à l'E. de Madagascar, à 1,770 lieues ou 18 jours de Marseille par le canal de Suez et avec paquebots des Messageries. Son chef-lieu, Saint-Denis, se trouve par 20°51'43" de latitude S. et 53°9' ·· de longitude E. Sa forme générale représente une ellipse de 71 kilomètres de longueur sur 51 de largeur, dirigée du S.-E. au N.-O. Ses côtes se développent sur 207 kilomètres, et sa surface couvre 260,000 hectares.

L'île comprend deux massifs, deux cônes juxtaposés, réunis par la plaine des Cafres, col ou plateau élevé de 1,600 mètres au-dessus du niveau de la mer; le massif O.-N.-O. a pour point culminant le piton des Neiges (partie des Salures) haut de 3,069 mètres. Celui de l'E.-S.-E. est dominé par le grand cratère (2,625 mètres). Voisin du cratère actuellement en activité, ou piton Fournaise (2,528 mètres). Ce sont là deux îles accolées, d'âge différent, de forme différente; la première plus ancienne et plus grande que la seconde.

CLIMAT, MÉTÉOROLOGIE

L'année se divise, pour la Réunion, en deux saisons : l'*hivernage*, de décembre à mai, caractérisé par la chaleur, les cyclones et les grandes pluies; la *belle saison*, de mai à décembre, plus fraîche, plus sèche, appartenant aux vents généraux du S.-E.

Le maximum de 34°,30 centigrades a été observé à Saint-Denis dans le mois de février; la moyenne de cette ville est de 25°; Saint-Paul est un peu plus chaud, dans une atmosphère sans mouvement; Saint-Pierre un peu moins. Le thermomètre oscille entre 19° et 24° à la plaine des Cafres. Chaque année, la neige se montre pendant quelques jours sur le piton des Neiges.

Le phénomène de la grêle a été constaté quatre ou cinq fois depuis le commencement du siècle.

A l'époque où la colonie justifiait si pleinement sa réputation de salubrité, les orages étaient fréquents pendant l'hivernage. Aujourd'hui le tonnerre ne se fait plus entendre que rarement; il a manqué presque absolument et tout à coup dans les sept premières années de la période, si féconde en calamités de tout genre, que la colonie traverse depuis 1863.

Les observations ozonométriques tendent à établir que l'ozone ne s'accuse à la Réunion qu'accidentellement en hiver, mais à peu près constamment dans les mois d'été, pour une moyenne correspondant à la sixième nuance; néanmoins, les mouvements brusques et ascendants du baromètre coïncident avec un chiffre très élevé de l'ozonomètre.

Le vent de terre, qui se lève au coucher du soleil, donne à l'atmosphère une limpidité remarquable, aux clairs de lune un éclat sans pareil. Ces belles nuits, si fréquentes, feraient de la Réunion une station privilégiée pour les observations astronomiques. Le spectacle de la pluie d'étoiles filantes de novembre y est également favorisé par la situation; il a lieu, pour notre île, dans la nuit du 13 au 14, de minuit au jour.

AGRICULTURE

COMMERCE ET INDUSTRIE

Produits importés dans la colonie. — Produits exportés de la colonie.

Cultures de la colonie. — Cannes à sucre, caféiers, cacaoyers, vanilliers, girofliers, cotonniers, embrevades, blé, riz, maïs, manioc, songes, pommes de terre, légumes secs.

Importations dans la colonie. — Animaux vivants, produits et dépouilles d'animaux, pêches, farineux alimentaires, fruits et graines, denrées coloniales, huiles et sucs végétaux, espèces médicinales, bois de toute sorte, fruits, tiges et filaments à ouvrer, teintures et tanins, produits et déchets divers, pierres, terres et combustibles minéraux, métaux, produits chimiques, couleurs, compositions diverses, boissons, vitrifications, fils et tissus, papier et ses applications, ouvrages en matières diverses.

Exportations de la colonie. — Animaux vivants, produits et dépouilles d'animaux, pêches, farineux alimentaires, fruits et graines, denrées coloniales, huiles et sucs végétaux, bois de toute sorte, fruits, tiges et filaments à ouvrer, teintures et tanins, produits et déchets divers, pierres, terres et combustibles, minéraux, métaux, produits chimiques, couleurs, compositions diverses, boissons, vitrifications, fils et tissus, papier et ses applications, ouvrages en matières diverses.

Commerce.

La situation insulaire et isolée de la Réunion fait que les importations qu'on y effectue sont essentiellement limitées à la consommation.

La création à la Pointe d'un port vaste et sûr, où les navires sont désormais assurés de rencontrer toutes les commodités désirables; par contre, la difficulté qu'éprouveront les grands bâtiments à vapeur à opérer sur la plupart des points de la côte S.-E. de Madagascar, dont l'atterrissage n'est souvent possible qu'aux navires de faible tonnage, permettront de réaliser au port une concentration profitable à tous les intérêts.

Dans le port de Saint-Pierre les bâtiments trouvent la possibilité de faire leurs opérations très vite, à peu de frais. Le Comité des assureurs maritimes de Paris a supprimé des surprimes d'hivernage, tant sur corps que sur marchandises, pour les navires séjournant à Saint-Pierre pendant l'hivernage.

A Saint-Pierre, les bâtiments ne paient aucun droit pour prise d'eau, pour l'usage des corps-morts, ancres, organeaux, etc.

Indépendamment du profit qu'elle retirerait d'un transit de marchandises dont on peut annoncer, dès à présent, l'importance, la colonie verra son commerce propre avec Madagascar prendre une grande extension.

Chemin de fer et Port de la Réunion.

Le chemin de fer de la Réunion, ouvert à l'exploitation depuis le 15 février 1882, s'étend de Saint-Benoît à Saint-Pierre et longe toute la zone cultivée. La longueur de la ligne est de 125 kilomètres. Les points desservis sont Saint-Benoît, Saint-André, Sainte-Suzanne, Sainte-Marie, Saint-Denis, La Possession, la Pointe-des-Galets, Saint-Paul, Saint-Gilles, Saint-Leu, Saint-Louis et Saint-Pierre.

Il y a deux trains par jour entre la partie comprise entre Saint-Benoît et Saint-Denis, et deux trains entre Saint-Denis et Saint-Paul; il n'y a qu'un seul train journalier entre ce dernier point et Saint-Pierre.

Indépendamment de ces trains réguliers, des trains supplémentaires sont organisés les jours d'arrivée des paquebots portant le courrier de France et à l'occasion des fêtes et des marchés.

Le port de la Pointe-des-Galets a été définitivement ouvert le 1er septembre 1886; situé vers le milieu du chemin de fer, presque à égale distance de ses deux extrémités, il se trouve, par conséquent, très rapproché de tous les centres de consommation et de production de l'île. Il comprend un avant-port, un bassin et deux darses. Sa surface est de 15 hectares et demi sur 9 hectares, la profondeur d'eau est de 9 mètres et permet d'y faire entrer et manœuvrer les plus grands navires existant actuellement.

Les quais ou appontements qu'accostent les navires sont armés de grues à vapeur ainsi que d'appareils capables d'embarquer et de débarquer des pièces pesant jusqu'à 20 tonnes. Des hangars de débarquement, des magasins, des entrepôts, situés sur le bord de l'eau, reçoivent les marchandises à l'entrée et à la sortie.

Le droit de tonnage est de 2 fr. 50 par tonneau de jauge; ce tarif est réduit à 1 fr. 50 pour les navires faisant un service régulier et au moins six voyages par an. Les marchandises paient un droit de quai de 7 fr. 50 par tonne, sauf les charbons et les marchandises de transit qui ne paient qu'à l'entrée.

OBOCK

OBOCK

SITUATION GÉOGRAPHIQUE

Le port d'Obock est situé dans le golfe d'Aden, par 11° 57' de latitude N. et 41° de longitude E., à l'extrémité sud-est du pays d'Afar ou Danakil, à l'est de l'Abyssinie, entre la baie de Tadjourah et le détroit de Bad-el-Mandeb.

Le territoire d'Obock a 60 kilomètres de largeur sur 200 kilomètres de longueur environ. Sa population est évaluée à 22,000 âmes.

Les communications avec l'intérieur sont peu importantes jusqu'ici. Mais ce point a été choisi à cause de sa situation géographique entre la mer Rouge et l'Océan Indien, et l'administration de la marine en a tiré un excellent parti pour les approvisionnements destinés aux navires à vapeur se rendant dans les mers de la Chine.

La rade d'Obock est entourée par des falaises qui la protègent contre les vents du N.-N.-E. et du N.-O. La Compagnie Menier possède un comptoir à Obock.

La rade de Tadjourah est d'un accès facile; le bassin du mouillage est suffisant pour contenir un grand navire et des boutres.

CLIMAT, MÉTÉOROLOGIE

L'année, à Obock, peut être divisée en deux saisons : la saison fraîche et la saison chaude, toutes deux sèches. La première, encore appelée bonne saison, commence au mois d'octobre et finit au mois de mai; la seconde commence en mai et finit en octobre.

La température oscille autour de 25° pendant la bonne saison, autour de 30 pendant les mois intermédiaires, autour de 40 pendant la nouvelle saison.

Les températures extrêmes sont : 48°, souvent relevée de deux heures à quatre heures du soir pendant la mauvaise saison; 17° le matin, deux ou trois fois pendant la bonne saison. Obock est donc un pays très chaud. A Obock, l'ennemi, c'est la chaleur.

Commerce.

La colonie d'Obock jusqu'à ces derniers temps a été dans la période d'organisation. Aujourd'hui, bien que son climat extraordinairement chaud ne permette pas la colonisation proprement dite aux Européens, on peut cependant constater un mouvement commercial qui gagnera dans l'avenir.

Les objets d'importation pour les indigènes étaient les armes de guerre et les munitions (dont la prohibition *provisoire* a été édictée); mais un grand trafic se fait avec les tissus de toute espèce et de toutes couleurs; le riz, les dattes, etc.

La monnaie courante en Abyssinie est le talari de Marie-Thérèse, mais la menue monnaie française commence à y avoir cours.

Les produits d'exportation sont : le café venant de Harras et du pays Gallas; le musc, l'ivoire, les peaux, les plumes d'autruche.

Le port nouveau de Jibouti exporte en outre le bétail nécessaire à l'alimentation européenne dans la colonie et aux navires de passage qui viennent faire leur charbon à Obock.

Obock qui, il y a six ans, n'était qu'une bande de terre déserte sur le golfe d'Aden est aujourd'hui une colonie importante comme territoire. Son étendue, tant en propriété effective qu'en protectorat, dépasse 100,000 kilomètres carrés.

Elle ne fera que s'accroître au point de vue commercial, mais par suite de la concurrence exercée par les indigènes, un Européen ne peut y réussir qu'en débutant avec des capitaux relativement considérables.

Plusieurs maisons françaises ont du reste commencé des installations importantes.

COLONIES ET PROTECTORATS FRANÇAIS DE L'ASIE

—•—

Etablissements français dans l'Inde

✧

Indo-Chine

COCHINCHINE

CAMBODGE — ANNAM — TONKIN

ÉTABLISSEMENTS FRANÇAIS
DANS L'INDE

ÉTABLISSEMENTS FRANÇAIS DANS L'INDE

SITUATION GÉOGRAPHIQUE

Les établissements français de l'Inde, tels qu'ils ont été réduits par les traités de 1814 et de 1815, se composent aujourd'hui de fractions de territoire isolées les unes des autres, dont la superficie totale est de 50,803 hectares.

Ce sont :

1° Sur la côte Coromandel : Pondichéry et son territoire composés des districts de Pondichéry, de Villenour et de Bahour; Karikal et les maganons ou districts qui en dépendent ;

2° Sur la côte d'Orixa : Yanaon, son territoire et les aldées ou villages, qui en dépendent, la loge de Mazulipatam ;

3° Sur la côte de Malabar : Mahé et son territoire; la loge de Calicut ;

4° Dans le Goudjerate : la factorerie de Surate ;

5° Au Bengale : Chandernagor et son territoire : les loges de Cassimbazar, Jougdia, Dacca, Balassord et Patna.

Pondichéry. — La ville de Pondichéry, chef-lieu de nos établissements, est située sur la côte Coromandel, dans le Carnatic, à 113 kilom. S.-O. de Madras par 11° 55' 41" de lat. N. 77° 31' 30" de long. Elle est divisée en deux parties, la ville blanche et la ville indienne, qui sont séparées par un canal. La ville blanche à l'est et sur le bord de la mer est régulièrement bâtie ; ses rues sont larges et bien percées. Les principaux édifices publics sont : l'hôtel du gouvernement, l'église paroissiale, l'église des Missions étrangères, deux pagodes, le grand bazar, la tour de l'horloge et celle du phare, une caserne, un hôpital, l'hôtel de ville, la cour d'appel, le collège Calvé-Souprayachetty. La ville ne possède qu'une rade foraine, qui est la meilleure de toute la côte. Cette rade présente deux mouillages, par 3 à 6 brasses pour les petits navires et par 7 à 9 brasses pour les grands bâtiments. La communication avec la terre, assez difficile, se fait par des bateaux à fond plat, sans membrures, appelés chelingues. Il y existe un pont-débarcadère de 252 mètres de longueur pour faciliter le chargement des navires. Ajoutons que l'on étudie en ce moment la création d'un port à eau profonde, qui serait placé à l'embouchure de la rivière d'Ariancoupom; le projet comporterait l'installation de docks et de bassins de radoub.

Le pont-débarcadère est relié à la gare du chemin de fer.

Une voie ferrée, ouverte solennellement le 15 décembre 1879 à la circulation, met Pondichéry en communication avec Madras et toute l'Inde anglaise.

Le territoire de Pondichéry, dont la superficie totale est de 20,115 hectares, se divise en quatre communes, savoir :

Oulgaret, Villenour, Bahour et Pondichéry, contenant ensemble 93 aldées principales et 141 villages secondaires.

Plusieurs sont séparées par des allées anglaises qui, formant enclave dans nos possessions, les morcellent d'une manière préjudiciable à l'agriculture et à la police.

Superficie de la ville blanche......................   613,862 mètres.
—   indienne......................   1,509,818 —
                                               2,123,680

Il existe sur le territoire de Pondichéry huit cours d'eau. Les plus importants de ces cours d'eau sont les rivières de Gingy et de Ponnéar, qui ne sont navigables, pour les petits bateaux à fond plat, que pendant quatre mois de l'année, sur un parcours de 25 kilomètres à partir de l'embouchure. En dehors de ces cours d'eau, on compte, dans les trois districts, 9 grands canaux de dérivation, 5 barrages, 59 étangs, dont 5 grands, 202 sources, 12 puits artésiens et 53 réservoirs servant aux irrigations.

CLIMAT, MÉTÉOROLOGIE

Le climat de Pondichéry est généralement salubre. Pendant la saison sèche, qui dure du 1er janvier au 15 octobre environ, la température moyenne est de 31º à 42º centigrades le jour et de 27º à 29º la nuit.

L'hivernage ou saison relativement fraîche comprend les autres mois; la température varie à cette époque de 25º à 32º le jour et de 13º à 15º et 20º la nuit.

La température de Karikal est à peu près semblable à celle de Pondichéry; il en est de même des saisons.

Le climat de Chandernagor, en raison du grand nombre de bois et d'étangs qui entourent la ville, est beaucoup plus frais que celui des pays environnants, mais la température y est beaucoup plus variable que dans nos autres établissements; tandis qu'elle s'abaisse en janvier à 8º et 7º centigrades quelquefois, elle atteint en mai jusqu'à 43º. Elle est, en moyenne, de 22º d'octobre en mars. On n'y connaît également que la saison sèche et l'hivernage.

A Mahé, le climat est très sain; la température y est plus fraîche et plus régulière que dans les autres dépendances; elle varie de 22º à 26º en janvier, février et mars, de 28º à 30º d'avril à septembre, de 23º à 27º en octobre, novembre et décembre. En somme, la température moyenne de l'année est de 24º à 25º centigrades environ.

Bien que la saison d'hivernage soit comprise entre le 15 mai et le 15 octobre, la mauvaise saison ne dure que pendant les mois de juin, juillet et une partie d'août. Les mois les plus frais sont novembre et décembre.

A Yanaon, la température varie de 20º à 26º de novembre à janvier, de 27º à 36º de février à avril, de 36º à 42º de mai à juin et de 28º à 31º de juillet à octobre.

Le climat de cet établissement est relativement salubre; il participe, en quelque sorte, de celui de Chandernagor et de celui de Pondichéry.

AGRICULTURE

COMMERCE ET INDUSTRIE

Produits importés dans chaque colonie. — Produits exportés de chaque colonie.

MINES

Cultures de la colonie. — Cocotiers, riz, menus grains, potagers, bétel, tabac, indigotiers, cannes à sucre, cotonniers, poivriers, fruits, nellys, callou, gengely, palma-christi, houpé, jagre, arack.

Importations dans la colonie. — Animaux vivants, produits et dépouilles d'animaux, pêches, farineux alimentaires, denrées coloniales de consommation, sucs végétaux, fruits, tiges et filaments à ouvrer, produits et déchets divers, pierres, terres et combustibles minéraux, compositions diverses, boissons, fils, tissus, papier et ses applications, ouvrages en matières diverses.

Exportations de la colonie. — Produits et dépouilles d'animaux, pêches, matières dures à tailler, farineux alimentaires, denrées coloniales de consommation, vitrifications.

Mines de lignite de Bahour. — Ce lignite d'après les analyses faites tant ici qu'en France renferme en moyenne 53.97 de matières volatiles et 46.03 de matières fixes pour 0/0.

Commerce.

Le seul marché commercial, à proprement parler, des possessions françaises de l'Inde, est son chef-lieu, c'est-à-dire Pondichéry.

Le commerce est exclusivement entre les mains de quelques maisons françaises.

L'exportation des arachides y a pris depuis quelques années une extension considérable. C'est aux environs de 1877-1878 qu'on a commencé à exporter cette graine par cargaisons de vapeurs entiers; jusqu'alors le commerce de notre colonie principale de l'Inde n'avait guère consisté que dans l'expédition de quelques centaines de caisses d'indigo et de quelques milliers de tonneaux d'huile de coco.

A cette époque, une autre de nos possessions plus au sud de la péninsule, Karikal, faisait un commerce assez important de cette huile. La concurrence de l'île de Ceylan et celle de la côte de Malabar ont complètement ruiné cette branche de transaction.

Lors de la découverte en Europe des couleurs de l'aniline, les indigos de qualité inférieure que produisait Pondichéry sont devenus de moins en moins recherchés. L'inégalité dans la qualité des envois que leur faisaient alors les marchands natifs a, en outre, complètement déprécié cette marque, et l'indigo dit de Madras est devenu en Europe d'un écoulement si difficile et d'une consommation si restreinte que les indigoteries dites natives, ne trouvant plus leurs produits suffisamment rémunérés, ont cessé de fabriquer.

Les cultivateurs ont alors abandonné la culture de l'indigo pour celle des arachides, qui demande infiniment moins de soins, tout en étant d'un rapport plus régulier et plus sûr.

Depuis six années, l'exportation des arachides s'est élevée de 91,700 quintaux métriques à 525,000 quintaux métriques, chiffre qu'elle a atteint en 1884.

Cette quantité représente *grosso modo* une valeur de 13 à 14 millions de francs, et quand on songe que ce commerce de graines oléagineuses, qui donne lieu à un mouvement de plus de 60,000 tonnes par an, a lieu presque exclusivement par des vapeurs anglais qui touchent à Marseille, à Dunkerque ou à Anvers, souvent à l'aller et au retour, on ne peut s'empêcher de déplorer cette désertion de notre marine marchande sur un point appartenant à la France.

Voilà donc un commerce, essentiellement français, qui profite exclusivement aux pavillons étrangers. Pondichéry est un port franc; sa rade offre aux bâtiments le meilleur mouillage de la côte, sauf Cocanada; les frais de tonnage y sont infimes, les vivres journaliers à très bon marché. L'eau y est excellente; un *pear* en fer y donne un accès facile; du *pear* aux vapeurs, le trajet en embarcations est de cinq à dix minutes. La mousson du S.-O., qui commence en mars pour finir en octobre, nous procure une mer presque toujours tranquille; en novembre seulement, en mousson du N.-E., on y rencontre du mauvais temps; mais cependant, fait singulier à observer, Pondichéry a été toujours épargné, en restant dans le côté maniable des cyclones. Depuis 1841, Pondichéry ne s'est jamais trouvé au centre du météore.

INDO-CHINE

L'UNION INDO-CHINOISE

Avant la réalisation de ce qu'on appelle l'Union Indo-Chinoise, les pays qui constituent l'Indo-Chine française, l'Annam et le Tonkin d'une part, de l'autre la Cochinchine et le Cambodge étaient séparés à la fois quant à leur administration locale, comme en ce qui concerne la direction gouvernementale. Tandis que le protectorat de l'Annam et du Tonkin était placé sous l'autorité d'un résident général dépendant du ministère des affaires étrangères, la colonie de la Cochinchine et le protectorat du Cambodge étaient restés dans les attributions du ministère de la marine et des colonies.

Les inconvénients de cet état de choses étaient tels dans l'ordre politique, administratif et financier, que le gouvernement, par un décret en date du 17 octobre 1887, a accompli l'unification du pays de l'Indo-Chine française.

En conséquence de cet acte important, l'administration supérieure de la Cochinchine et des protectorats du Tonkin, de l'Annam et du Cambodge a été confiée à un gouverneur général civil de l'Indo-Chine, qui a sa résidence officielle à Saïgon, mais qui peut séjourner dans toute autre ville de l'Indo-Chine française où les besoins du service l'appellent.

COCHINCHINE

COCHINCHINE

SITUATION GÉOGRAPHIQUE

La Cochinchine française, ou actuellement la Basse-Cochinchine, est située au sud-est de l'Indo-Chine, entre 102° et 105° de longitude E. et 8° et 11° 30' de latitude N.

Elle est bornée : au nord par le royaume du Cambodge et le pays des Moïs; au nord-est par la province de Binh-Thùan (royaume d'Annam); à l'est et au sud par la mer de Chine, et à l'ouest par le golfe de Siam.

Ce pays se divise en 4 circonscriptions : Saïgon, Mytho, Vinh-Long et Bassac, lesquelles se subdivisent en 21 arrondissements, comprenant 207 cantons et 2,425 communes.

Le groupe des îles de Poulo-Condore, situé au sud de la presqu'île de Camau, est une dépendance de nos possessions. La plus grande de ces îles sert de pénitencier pour les condamnés à une peine de moins de dix ans de prison.

Il n'existe, à proprement parler, aucun port dans la Cochinchine française ; Saïgon, par sa situation tout exceptionnelle dans l'intérieur des terres, par la profondeur de la rivière qui l'arrose, peut recevoir dans ses eaux les navires du plus fort tonnage. Il en est de même de Mytho, situé sur le Mé-Kong; Rach-Gia, Camau, Hatien, sont des rades naturelles, mais qui ne peuvent recevoir que des embarcations d'un faible tirant d'eau, à cause de leur peu de profondeur et des barres qui obstruent leur entrée.

CLIMAT, MÉTÉOROLOGIE

Les travaux exécutés en Cochinchine depuis la conquête l'ont déjà bien assainie. Encore quelques années, et les nombreux travaux qui s'exécutent dans l'intérieur et à Saïgon rendront le séjour de la colonie tout aussi favorable pour les Européens que dans les autres colonies.

La Cochinchine a des vents constants ou moussons; ils règnent du 15 octobre au 15 avril en soufflant du nord-est, et en soufflant du sud-est pendant le reste de l'année.

Pendant la mousson du nord-est il ne tombe pour ainsi dire pas une goutte d'eau. C'est ce qu'on appelle la saison sèche. Pendant l'autre mousson, au contraire, les pluies tombent régulièrement chaque jour ; c'est la saison de pluie ou

hivernage. Ces deux saisons se succèdent tous les ans avec plus ou moins de
régularité; quelquefois, en certaines années exceptionnelles, les premières pluies
ne commencent à arriver qu'au mois de juin, et il est à remarquer que l'état
sanitaire laisse beaucoup à désirer pendant ces années-là.

La période qui s'écoule entre le 15 avril et le 15 juin est la plus mauvaise
saison de l'année; le thermomètre monte souvent jusqu'à 34° et ne descend pas
au-dessous de 30°, même pendant la nuit. En général, et dans les années ordinaires, les orages qui précèdent la saison des pluies s'établissent au mois de mai,
et souvent la pluie qui vient après rafraîchit l'atmosphère. Les pluies tombent
alors régulièrement jusqu'à la fin de juillet, où elles cessent presque ordinairement pendant quelques jours; c'est ce qu'on appelle la petite saison sèche; elles
recommencent à tomber en août et le mois de septembre est le plus pluvieux de
toute l'année. En octobre, elles diminuent progressivement; elles cessent tout à
fait à la fin de novembre; les orages sont moins forts et se terminent par ce
qu'on appelle en France des éclairs de chaleur. A partir de ce moment-là, la
température baisse sensiblement, la chaleur est supportable, le thermomètre
descend même parfois à 16° le matin pendant le mois de décembre ou au commencement du mois de janvier.

AGRICULTURE

COMMERCE ET INDUSTRIE

Produits importés dans la colonie. — Produits exportés de la colonie.

MINES

Cultures de la colonie. — Grains alimentaires : riz, maïs, haricots ; — tubercules et racines : navets, patates ; — plantes oléagineuses : arachides ; — plantes textiles : ortie de Chine, ramie, cotonniers ou ouatiers ; — plantes industrielles diverses : cannes à sucre, tabacs, indigotiers, cacaoyers, rocouyers ; cultures arborescentes et oléagineuses : cocotiers, mu'n ; autres cultures arborescentes : pommiers, aréquiers, bétel, poivriers, orangers, citronniers, caféiers, mûriers, manguiers, bananiers, pamplemoussiers, jaquiers, mangoustaniers, tamariniers, goyaviers, vanilliers, papayers, ananas, grenadiers, caramboliers, barbadines, litchi.

Importations dans la colonie. — Animaux vivants, produits et dépouilles d'animaux, pêches, farineux alimentaires, fruits et graines, denrées coloniales, sucs végétaux, espèces médicinales, bois, fruits, tiges et filaments, teintures, produits et déchets divers, pierres, terres, comestibles, métaux, produits chimiques, couleurs, compositions diverses, vitrifications, boissons, tissus, papier et ses applications, or, argent et pierres, matériels divers, armes et accessoires, chinoiseries et japonneries, ouvrages en matières diverses.

Exportations de la colonie. — Animaux vivants, produits et dépouilles d'animaux, pêches, farineux alimentaires, fruits et graines, denrées coloniales, espèces médicinales, bois, jonc et plantes, pierres, terres et combustibles minéraux, métaux, clouterie, quincaillerie, or, argent, monnaie, pierres précieuses, produits chimiques, compositions diverses, boissons, vitrifications, mercerie, librairie, papeterie, ouvrages en matières diverses, fourrages, sucs végétaux.

Commerce.

Riz. — La Cochinchine semble un pays rizier par nécessité et par sa nature. Elle doit s'occuper d'améliorer sa qualité de grains. Tous les efforts ont été tentés dans ce sens, sans grand succès, nous devons l'avouer. Notre consommateur principal étant l'Asiatique, client peu difficile, notre producteur n'a pas un intérêt bien sensible, un stimulant bien énergique à produire mieux qu'il ne fait.

Le jour où, par suite de circonstances que nous ne saurions prévoir, le riz cochinchinois prendrait régulièrement la route d'Europe, sous l'influence d'un acheteur plus difficile, il s'améliorerait à la longue.

Cependant les exportations antérieures pour les ports d'Europe ont été assez bien accueillies et nul doute que si ces envois devenaient annuels, d'intermittents qu'ils ont toujours été, nos riz ne s'y fissent une place au moins égale à celle des moulmein et des akyab.

Notre grain est petit, régulier pendant les premiers mois de l'année; c'est l'espèce ronde dite gocong qui s'expédie en Europe pour les blanchisseries; elle se blanchit très bien. Pour la distillerie, le riz long, dit vinh-long, mélangé et nettoyé de paddy à 5 0/0, s'est expédié en assez grande quantité. Notre sorte longue et régulière, dite bayxao ou pychow, est réservée pour la Chine; elle sert ici de riz de table et semble supérieure comme goût et apparence aux deux autres.

On peut évaluer à 120,000 tonnes l'exportation du riz rond, à 280,000 tonnes celle du riz vinh-long, à 122,500 tonnes celle du pychow, sur les 522,500 tonnes que nous avons exportées l'an dernier.

PROTECTORAT DU CAMBODGE

CAMBODGE

SITUATION GÉOGRAPHIQUE

Le Cambodge est situé entre le 10° et le 13° degré de latitude N. et le 101° et 104° degré de longitude E. (méridien de Paris). Il est borné au nord et à l'ouest par le royaume de Siam, ainsi que par le territoire de Bassac; au sud-ouest par le golfe de Siam; au sud et au sud-est par la Cochinchine; à l'est par des territoires habités par des tribus sauvages. De tous côtés, sauf du côté de la Cochinchine, les frontières du royaume de Cambodge ne sont pas encore nettement délimitées.

Le territoire, dans sa plus grande longueur, dépasse 400 kilomètres, de la pointe sud de Kompong-Som à Stung-Trang, que l'on peut considérer comme la limite du Laos inférieur. Sa plus grande largeur est d'environ 300 kilomètres en prenant comme points extrêmes l'arrondissement de Pursat, à l'ouest, et l'arrondissement de Totung-Thngaï, à l'est. La superficie actuelle du Cambodge est d'environ 100,000 kilomètres carrés, c'est-à-dire à peu près le cinquième de la superficie de la France.

CLIMAT, MÉTÉOROLOGIE

Le climat du Cambodge est à peu près le même que celui de la Cochinchine. Cependant il paraît plus sain dans l'intérieur à cause des montagnes.

Il n'est pas rare de voir la récolte perdue ou compromise par le *khial-kaduc* (vent de novembre, nom donné par les indigènes à ce phénomène), surtout si la maturité du riz est tardive. Le bruit assourdissant qu'il fait s'entend des hameaux voisins placés en dehors de son action, et d'où l'on aperçoit les nuages de poussière et de paille sèche qu'il soulève et fait tournoyer.

AGRICULTURE

COMMERCE ET INDUSTRIE

Produits importés dans la colonie. — Produits exportés de la colonie

---

MINES

Cultures de la colonie. — Au point de vue de l'agriculture, le sol du Cambodge peut être divisé en trois zones : les bords du fleuve, les dépressions et les plateaux.

Les terrains en bordure du Mé-Kong sont les plus riches et les plus cultivés; les quatre cinquièmes de la population sont agglomérés dans cette zone. L'intérieur, probablement aussi fertile, reste inculte, faute debras et de voies de communication.

Ces vastes étendues de terrains situées au centre du pays ont été, au dire de ceux qui les ont parcourues, cultivées autrefois et donnaient les mêmes revenus que les terres arrosées par le fleuve. Les guerres intestines et extérieures du commencement de ce siècle en ont fait un désert; et les populations, désespérées de voir chaque année leurs récoltes pillées ou détruites, se sont enfuies et, abandonnant leurs cultures, sont allées se placer comme clientes chez les mandarins.

Les plateaux et les montagnes, que nous comprenons dans une même zone, sont couverts de forêts dont beaucoup méritent d'être exploitées.

C'est aussi dans les montagnes, principalement dans celles de Pursat et de Thépong, que l'on trouve le *cardamome.* La gomme-gutte se récolte aussi dans cette dernière province; à Kampot et à Wung-Trang, quelques plateaux en sont plantés.

Le voyageur qui se rend au Cambodge par le bateau des Messageries fluviales de Cochinchine ne trouve pas de changement dans l'aspect du pays jusqu'à Banam. Les rives, bien qu'un peu plus élevées qu'en Cochinchine, disparaissent aux hautes eaux, et il n'aperçoit guère que des plaines immenses entrecoupées çà et là de bouquets de bambous qui entourent des maisons.

A partir de Banam, au contraire, le tableau change; les rives sont couvertes de jardins bien entretenus. Arrivé aux Quatre-Bras, en face de Pnom-Penh, si vous prenez le bras supérieur du Mé-Kong pour le remonter, le paysage qui se déroule sous vos yeux devient d'heure en heure plus attrayant, les jardins plus touffus et les habitants plus nombreux.

Les rives sont très fertiles; aussi étaient-elles exploitées à outrance depuis les rapides jusqu'à Banam. Les terres n'étaient pas concédées, mais louées tous les ans par lots d'une profondeur variable, comprenant tout l'espace cultivable, et dont la largeur sur le fleuve était seule mesurée. Ce mode de procéder offrait de grands inconvénients; aussi la nouvelle réglementation les fait-elle disparaître.

Le pays khmer, plus élevé et moins humide que la Cochinchine, est moins propre que cette dernière à la culture du riz; mais le sol, fertilisé par l'inondation, est plus favorable aux autres productions agricoles.

L'indigo, le coton, le mûrier, sont d'une belle venue sur les bords du grand fleuve, le tabac dans tout le pays, Le riz prospère du côté des grands lacs, la canne à sucre dans les terrains plus secs, le maïs à Banam, le poivre à Kampot.

Le café est magnifique et ne paraît pas sujet aux attaques des vers qui ont détruit la plupart des plantations en Cochinchine; les missionnaires en ont fait depuis une vingtaine d'années une plantation peu considérable, mais très belle. Le cacaoyer et le vanillier paraissent également devoir réussir; des maïs ont déjà été faits du côté de Sambor où l'administration a envoyé de nombreux plants aux autorités cambodgiennes qui en avaient fait la demande. La culture du bétel, plante formant la base de la chique que les indigènes ont constamment à la bouche, est encore peu développée; il en est de même de l'aréquier, et le Cambodge est tributaire de la Cochinchine pour ces produits de première nécessité aux indigènes. Il est au contraire admirablement bien doté comme arbres fruitiers, et n'a rien à envier à sa voisine. Le manguier, l'oranger, le goyavier, le pommier-cannelier, le jaquier, l'ananas, etc., y réussissent admirablement. Certains fruits sont même de qualité supérieure : nous citerons l'orange dite du Cambodge et la mangue.

Les plantes alimentaires ne manquent pas non plus; à Banam on cultive beaucoup de haricots; le maïs pousse un peu partout,

Le palmier-sucre, qui croît partout au Cambodge, mais dont la culture est surtout développée dans la province de Kampot, peut et doit devenir une source de richesse.

L'introduction des textiles à évolution rapide, comme le jute, etc., qui végéteraient fort bien, donnerait des résultats excellents.

On pourrait aussi créer des exploitations de *domrong*, l'arbre à gomme-gutte, qui pousse naturellement aux environs de Stung-Trang (provinces de Kompong-Dham et Kratié) et dans les provinces de Kampot et Thépong. La gomme-gutte récoltée à Thépong est la plus estimée.

Le cardamome qu'on récolte sur les montagnes de Pursat, à Stung-Trang et à Kampot, est aussi une source de richesse pour le pays; celui de Pursat se vend de 130 à 140 piastres le picul; à Stung-Trang, le prix est de 15 à 20 pias tres seulement. Ce produit est entièrement exporté en Chine d'où il revient dans l'Indo-Chine pour être employé dans la pharmacie indigène ou plutôt chinoise.

Jusqu'ici, en dehors des exploitations nécessairement restreintes des missionnaires, qui cultivent toutes celles de ces plantes leur offrant une utilité personnelle, on peut dire qu'aucune entreprise agricole sérieuse n'a été tentée.

Importations et exportations. — La valeur des exportations et celles des importations au Cambodge doivent à peu près se balancer à l'heure actuelle. On peut les évaluer à 10 ou 12 millions de francs, sans tenir compte, bien entendu, des produits provenant soit du Laos, soit des provinces de Battambang et du Siam qui ne font que transiter.

Dans ce chiffre, le poisson exporté entre pour plus de 3 millions de francs, e présentés par près de 10 millions de kilogrammes, à destination de la Cochinchine, d'où il est réexporté dans les pays voisins; le coton égrené compte pour 3,800,000 kilogrammes destinés à l'Europe, les haricots pour 360,000 kilogrammes, le cardamome pour 180,000 kilogrammes, le sucre de palmier pour 100,000 kilogrammes, etc. La colle de poisson, les peaux, les matelas dits cambodgiens, les nattes, les soies, le poivre, les huiles, l'indigo, les plumes, la cire, l'ivoire, l'écaille de tortue, les cornes de cerf, la chaux, les bois de teinture, de construction, d'ébénisterie, la gomme-gutte, la gomme-laque, etc., entrent également pour une part dans le total des exportations.

Les importations comprennent d'abord le sel pour la saumure des poissons, les vins et les spiritueux de France, les sucres raffinés, les porcelaines, les faïences, les poteries d'Europe, le papier, l'opium, les tissus français et anglais, les armes et les outils, les farines, les articles de Paris, le thé de Chine, les médecines chinoises, les conserves alimentaires et les salaisons d'Europe, de Chine et d'Amérique.

Les bois de teinture exportés sont dirigés par Saïgon vers la France et surtout vers la Chine.

Les bois de construction et d'ébénisterie d'essence rare sont tous expédiés en Chine, à Canton et dans les provinces du Nord; une réduction de fret amènerait certainement un courant d'exportation de ces produits vers l'Europe.

La gomme-laque et la gomme-gutte sont également très demandées par l'Europe.

Le cardamome et diverses autres plantes exportées sous la dénomination de médecines chinoises sont à destination de Chine pour la presque totalité.

Les légumes secs (haricots de Banam) sont expédiés à Singapore et en Chine.

Le poivre (dont malheureusement la culture n'est pas encore répandue) est l'objet de nombreuses demandes qui ne peuvent être satisfaites, ce qui maintient le prix à un chiffre très élevé, malgré la cherté du fret.

Le poivre du Cambodge est très apprécié en Europe parce qu'il ne subit pas le triage du grain blanc.

Les nattes et les matelas font l'objet d'un commerce assez actif avec la Cochinchine.

Le sucre de palme est aussi exporté en Cochinchine; il vient principalement de la province de Kampot.

Commerce.

Le commerce intérieur du Cambodge n'est pas très considérable, à cause du manque de voies de communication que nous avons signalé précédemment. La monnaie est rare; aussi procède-t-on le plus souvent par voie d'échanges, principalement dans les provinces éloignées des grands centres. On affirme que, dans quelques cantons retirés, les indigènes ne connaissent pas encore les sapèques, monnaie en zinc qui a cours dans toute l'Indo-Chine.

La nouvelle convention du 17 juin 1884 a déjà attiré au Cambodge nombre d'Européens et donné déjà une vie nouvelle au commerce de ce pays; les indigènes de l'intérieur ne s'en tiendront plus aux simples échanges d'autrefois et adopteront définitivement notre système monétaire. Jusqu'à ce jour le commerce était monopolisé entre les mains des Chinois qui, en échange du coton, de la soie, du tabac, du riz que venaient leur apporter les Cambodgiens, leur distribuaient à profusion l'opium ou l'alcool de riz fabriqué à la façon indigène. Tout passait entre leurs mains; ils avaient même accaparé le commerce du sel, des filets de pêche et des poissons du Grand-Lac. Aussi le peuple, resté pauvre et exploité d'un côté par les Chinois, de l'autre par les mandarins, en était arrivé à ne cultiver que ce qui lui était nécessaire pour sa consommation personnelle et, par suite, à tarir à sa source la richesse nationale.

On peut espérer que la sécurité qui va être donnée aux propriétaires, jointe aux facilités que trouvera l'exportation des produits du pays, imprimera à l'agriculture et à l'industrie une impulsion vigoureuse et que nous verrons, comme cela est arrivé en Cochinchine, les cultures prendre un développement merveilleux. Si les maisons de commerce françaises savent profiter de l'influence politique qui nous est acquise, si elles s'efforcent, par des transactions loyales, d'amener sur ce terrain encore neuf des marchandises à la fois bonnes et à bon marché, il n'est pas douteux qu'elles ne soient les premières à bénéficier du nouvel ordre de choses et de la richesse qu'il développera dans le pays.

Mines.

Le territoire tout entier du Cambodge a été formé par le dépôt du limon des eaux et les matières en suspension provenant de la désagrégation des roches granitiques qui existaient antérieurement et qui forment aujourd'hui en quelque sorte l'ossature du pays.

Dans certaines parties du royaume, parmi les matières dissoutes ou entraî-
nées par les eaux et qui ont formé le sol, on trouve des traces de fer oxydulé.

Les montagnes renferment plusieurs mines exploitables, celles de Kompong-
Soaï entres, dont le rendement paraît devoir être très rémunérateur; malheureusement le mauvais état des voies de communication et surtout la cherté du
combustible (on manque complètement de charbon de terre) ont empêché jusqu'ici les exploitations sérieuses. A ces difficultés venait encore s'ajouter celle de
recruter des ouvriers, et puis (il faut bien le dire aussi) l'indifférence et l'inertie
du gouvernement cambodgien.

Les Couls, tribus sauvages demeurant au nord de Kompong-Soaï, à proximité
des gisements les plus riches, ont été jusqu'ici les seuls à en profiter.

Il y a quelques années, des explorateurs avaient cru trouver des paillettes
d'or du côté de Kompong-Cham et de Stung-Trang; une société fut fondée pour
l'exploitation des gisements aurifères, mais leur insuffisance la força à entrer
presque immédiatement en liquidation. On ne doit pas conclure de cet insuccès
que le Cambodge ne renferme pas des gisements exploitables. Le pays, encore
à peine exploré, est trop peu connu, nos données sont trop incertaines pour que
l'on puisse rien affirmer à ce sujet. Peut-être même la société qui a disparu
s'est-elle laissée trop vite aller au découragement.

On cite encore, parmi les richesses que l'on peut extraire des entrailles de
la terre des Khmers, les carrières de kaolin dans le haut Mé-Kong, du côté de
Kratié; les gisements de calcaire dans la province de Kampot, et ceux de sal-
pêtre que l'on trouve à Pnomsa, à 6 kilomètres de Kampot.

PROTECTORAT DE L'ANNAM

ANNAM

—

SITUATION GÉOGRAPHIQUE

L'Annam est borné au nord par le Tonkin, au sud et à l'est par la mer de Chine, à l'ouest par les peuplades moïs et la Cochinchine.

C'est une immense bande de terre, resserrée entre la mer et les montagnes, et dont la largeur ne dépasse pas une moyenne de 60 kilomètres; au-delà des montagnes, sa suprématie s'étend sur une zone plus ou moins étendue et indéterminée, habitée par les sauvages; mais cette suprématie est purement nominale.

La superficie de son territoire propre est d'environ 70,000 kilomètres carrés; celle des pays annexes à peu près de 60,000.

Il est situé entre 102° et 107° de longitude E., 10° 30' et 20° de latitude N.

CLIMAT, MÉTÉOROLOGIE

Le climat de l'Annam n'est ni celui de la Cochinchine ni celui du Tonkin; il comporte, il est vrai, comme dans ces deux régions, deux saisons distinctes; mais l'époque où elles se produisent est différente, aussi bien que les phénomènes atmosphériques qui les déterminent. A dire vrai, le climat de l'Annam tient de ces deux pays; il emprunte au Tonkin son hiver et à la Cochinchine ses pluies diluviennes prolongées. Mais, tandis que, dans ces derniers pays, les grandes pluies sont amenées par les vents de sud-ouest, en Annam, elles sont déterminées par les vents de nord-est. La raison de ce phénomène, qui surprend au premier abord, quand il s'agit de pays équatoriaux si voisins, n'est autre que la grande chaîne de montagnes qui se prolonge indéfiniment du sud au nord de cette région et qui la protège, comme un immense rideau, contre les nuages amenés par les vents du sud-ouest. Ces nuages viennent se heurter contre les flancs de la chaîne et ne peuvent en franchir les sommets. Ceux apportés par les vents du nord-est, au contraire, chargés des évaporations des mers de Chine, arrivent immédiatement sur la région de l'Annam et, ne pouvant à leur tour aller plus loin, y déversent en entier leurs eaux fluviales.

Dès lors, les saisons doivent se trouver interverties, et c'est en effet ce que l'on constate sur les points où l'on a pu faire des observations suivies. A Hué, par exemple, quoique les saisons ne soient pas aussi exclusivement tranchées qu'à Saïgon, la véritable saison des pluies ne commence qu'en septembre et dure trois mois; il n'y a pas de saison exclusivement sèche; il pleut un peu chaque mois le reste de l'année, mais, à l'inverse de ce qui se passe à Saïgon, mai, juin, juillet et août sont souvent les mois les plus secs.

La température oscille entre 11° et 36°,3; ce sont les variations thermométriques minima et maxima observées en 1882; la première a eu lieu en février et la seconde en juin.

Les chaleurs de l'été sont accablantes; n'étant pas tempérées par les pluies, elles sont, malgré des brises de l'est, plus pénibles qu'à Saïgon. Les orages sont excessivement violents, et l'atmosphère, à une tension électrique énorme, est parfois véritablement étouffante.

L'hiver, quoique peu rigoureux, est souvent très sensible à cause des variations brusques de température et de l'humidité; les courants d'air sont pénétrants.

COMMERCE

Le commerce en Annam peut se diviser en trois branches principales : 1º le commerce local; 2º les échanges avec les tribus du Laos; 3º les importations et exportations par voie maritime.

Sur tous les marchés on trouve les mêmes échantillons du commerce local :

1º Produits alimentaires : œufs, poissons, poulets, canards, porcs, chiens, vermicelle, nuoc-mam, sel, patates, ignames, cannes à sucre, cassonade, sucreries, nougats, riz décortiqué.

Fruits du pays : oranges, mandarines, bananes, jacquiers, cocos, etc.

2º Poteries : Terres cuites vulgaires, non vernies, faïence commune, à dessins bleus, marmites en cuivre, jarres.

3º Habillement : chapeaux de formes diverses, soies écrues et teintes, crépons, pantoufles pour femmes, manteaux en paillottes.

4º Divers : Riz non décortiqué, noix d'arec, bétel, écorce pour teinture, boîtes et menus objets en bois, tabac, nattes, cordes en fil de coco, cercueils, incrustations grossières, oreillers en varech.

À part les soies et les crépons, ces marchandises ne s'exportent pas en général.

2º Les échanges avec les tribus laotiennes se font à certains marchés frontières, désignés par le gouvernement annamite. Le plus important est celui de Cam-Lô, dans la province de Quang-Tri. Les objets que les sauvages livrent au commerce annamite sont : la cire, le miel, l'ivoire, les cornes, les peaux de rhinocéros, la résine, les torches, les bois d'aigle, les arachides, le sésame, les lentilles, les haricots, les citrouilles, le maïs, etc. Ils emportent en échange du sel, du riz, des poteries, du mam, de l'eau-de-vie, de l'opium, des pioches et autres instruments de fer, des perles et de la verroterie.

3º Le commerce extérieur est tenu en grande partie par les Chinois; il consiste en cotonnades écrues et teintes, objets de toilette, thé chinois, porcelaine commune, allumettes, papier, joss-stick, médecines chinoises, et enfin en opium. Tout cela vient, en grande partie, de Hong-Kong.

Le cabotage annamite, qui s'exerce entre le Tonkin, le Nghé-An, le Quang-Nam et le reste du royaume, consiste principalement dans l'importation en Annam des riz de ces contrées. Le Nghé-An exporte aussi de la cannelle d'excellente qualité, qui se vend au poids de l'or.

L'Annam ne paraît pas destiné à un bien grand avenir commercial, à moins que l'on ne développe par un service de travaux publics bien compris les routes dont il est presque absolument dépourvu.

La source du commerce futur est dans l'exploitation des richesses contenues dans les montagnes (bois, minerais, marbres, etc.), et surtout dans les facilités données aux échanges avec les Laotiens. Si le pays est resté jusqu'à présent improductif, c'est à l'absence des voies de communication qu'il faut surtout l'attribuer.

TONKIN

TONKIN

SITUATION GÉOGRAPHIQUE

Le Tonkin, appelé en annamite Bac-Ky, est un vaste territoire qui borde la frontière sud de la Chine, sur environ la moitié de son étendue, et forme la partie nord de l'empire d'Annam. Ce dernier État, qui occupe tout l'est de la presqu'île indo-chinoise, après avoir couru le long de la côte, en bordure très étroite, sur une longueur d'environ 1,300 kilomètres dans une direction sensiblement nord, prend tout d'un coup son extension vers l'ouest et forme un immense quadrilatère qui s'enfonce de 400 kilomètres vers le Laos chinois et la province du Yunnan. C'est le Tonkin proprement dit, soumis à notre protectorat d'une façon directe.

Il est borné au nord-est par la province chinoise de Quang-Si, au nord-ouest par celle du Yunnan et le Laos chinois, au sud-est par le golfe du Tonkin et au sud-ouest par des tribus mois ou laotiennes, plus ou moins indépendantes. Sa superficie est d'environ 00,000 kilomètres carrés. Il est compris entre 101° et 105° 40' de longitude E., 20° et 23° 20' de latitude N.

CLIMAT. MÉTÉOROLOGIE

Le climat du Tonkin a souvent fait l'objet d'une division en saison sèche et saison des pluies; ces dénominations ne sont pas absolument exactes : il n'y a ni saison des pluies ni saison sèche proprement dites. La véritable dénomination serait plutôt saison d'hiver et saison d'été. Ce qui caractérise en effet le Tonkin et le différencie des pays tropicaux dont il fait partie, c'est qu'il jouit d'un véritable hiver, plus long que l'hiver astronomique, comportant une température froide et réconfortante qu'on peut, sans exagération, comparer à celle des stations hivernales des mers méditerranéennes.

Par contre, les étés sont excessivement chauds, fatigants et ne laissent rien à envier aux pays équatoriaux. Ils commencent en mai pour finir en septembre : la température s'élève alors jusqu'à 36°, et se maintient pendant des jours entiers entre 32° et 34°. La moyenne de ces cinq mois est de 28°,10, celle de juillet et août 28°,9 et 28°,8, en augmentation de 1°,10 sur chacun de ces mois à Saïgon.

La température la plus basse se produit alors au lever du soleil et la plus élevée de 1 à 2 heures du soir : il est impossible à l'Européen, pendant cette période, de se livrer à aucune opération sérieuse; c'est une transpiration et un accablement constants et on ne peut résister, dans le milieu du jour, aux assoupissements de la sieste; tous les animaux en donnent l'exemple, ils recherchent l'ombre et ne bougent plus.

Le thermomètre, pendant ces longs mois, varie peu, et les différences de température entre la nuit et le jour sont souvent presque insensibles; on peut en dire autant des différences thermométriques d'une année à l'autre : les étés se ressemblent tous. Cependant il faut reconnaître que, quoique plus fortes qu'à Saïgon, ces chaleurs ne deviennent jamais aussi énervantes que pendant certaines journées en Cochinchine, résultat dû à une moins grande saturation de l'atmosphère et à une brise presque constante du sud-est; quoi qu'il en soit, les forces diminuent, l'intelligence s'assoupit, le corps se débilite.

C'est alors qu'il est excessivement dangereux pour l'Européen de faire des courses au soleil; c'est risquer une insolation presque certaine.

AGRICULTURE

COMMERCE ET INDUSTRIE

Produits importés dans la colonie. — Produits exportés de la colonie

MINES

Culture. — Au Tonkin, comme en Cochinchine, le riz est la grande culture du pays; tous les terrains argileux du Delta, toutes les cuvettes de la région des plateaux, tous les fonds de vallée en pays de montagnes sont consacrés aux rizières : elles couvrent une superficie d'environ un million d'hectares.

Les autres productions du sol : la canne à sucre, le mûrier, le coton, l'ortie de Chine, chanvre, textiles, l'indigo, le cunao ou faux gambier, le bétel, l'aréquier, le tabac, le thé, le ricin, l'arachide, le sésame, le cocotier, les tubercules, patates, ignames, le maïs, le cacao, l'arbre à laque, la cannelle, le musc, le benjoin, etc., etc.

Commerce et Industrie.

Importation. Exportation. — Il n'y a pas longtemps encore, tout le commerce d'importation et d'exportation était entre les mains des négociants chinois; ils étaient environ 3,000 et n'avaient guère moins de 2½ maisons de commerce. Leurs principaux articles d'exportation étaient la soie, la laque, l'amidon, le cunao, la cardamome, les champignons, la gomme-laque, les peaux, les cornes de bœuf et de buffles, certains médicaments, les éventails, les graines, le sucre, le papier annamite, l'huile de badiane, le musc.

L'importation comprenait les tissus et fils de coton, les lainages (en petite quantité), couvertures, soies de Chine, médicaments, papier, thé, couleurs d'aniline, mercerie, miroiterie, cuivre, alun, sucre cristallisé, quincaillerie, allumettes, porcelaine, tabac, fer-blanc, etc. Aujourd'hui le commerce asiatique a bien diminué: beaucoup de Chinois ont pris la fuite, il n'en reste plus que 400 ou 500, avec 71 maisons de commerce.

Le moment est propice, pour nos nationaux, de prendre pour leur compte une partie de ce trafic. Déjà plusieurs bonnes maisons françaises se sont installées; elles commencent à leur faire une certaine concurrence et, mieux encore, à entrer en relations d'affaires avec eux, en leur fournissant une partie des mar-

chandises qu'ils se procuraient antérieurement par Hong-Kong. Elles n'en sont
encore qu'à la période d'études, mais elles ont confiance dans l'avenir.

Toutes les marchandises d'importation ou d'exportation passent par le port
d'Haï-Phong. Elles sont transportées par bateaux à vapeur, le batelage indigène n'étant pas encore sûr.

Le commerce local de la ville d'Hanoï n'est pas moins actif; il y a des rues
entières de marchands de soie au détail, de textiles, de métaux, de sucre, de
paniers et ouvrages en bambou, de peaux, d'outils, de broderies, de médicaments, de laques, d'étoffes, de comestibles, etc.

Toutes les professions y sont représentées, le menuisier, le charpentier, le
tourneur, le teinturier, le sculpteur, le laqueur, l'incrusteur, le savetier (généralement des femmes), le tailleur, le confiseur, le ferblantier, l'entrepreneur, le
maçon, etc.

Tous ces marchands et artisans sont indigènes.

Les industries les plus renommées d'Hanoï sont les laques, la soie, le papier,
la confiserie, les incrustations, la sculpture sur bois, les objets tournés ou fabriqués en papier.

Mines.

Les richesses minières du Tonkin sont immenses, et l'on pourra se faire une
idée exacte de leur valeur par l'énumération suivante :

PROVINCE DE QUANG-YEN

Charbon de terre. — Des gisements d'une contenance considérable existent
sur toute la presqu'île de Lacht-Duyen, jusqu'aux environs de Yen-Hung. Les
veines semblent s'arrêter à environ 2 milles au sud de cette ville et s'étendent
ensuite vers l'est à proximité de New-Macao.

Ce charbon est maigre et friable à la surface du sol, mais il devient gras à
partir de 10 à 15 mètres de profondeur, surtout dans les talwegs.

L'exploitation en est facile par le versant sud, à proximité de la mer et
d'une côte qui offre partout de bons mouillages aux petits navires calant 2 m. 50.

Nous donnons ci-après l'analyse de ces charbons, afin que nos lecteurs puissent se rendre compte de leur valeur,

Analyse.

Carbone..	73
Oxygène..	11.5
Hydrogène..	7.5
Azote..	1

Éléments.

Pouvoir calorifique................................	3950 calories
Vaporisation.......................................	4.7
Capacité d'air.....................................	11.5
Densité..	1.361

PROVINCE DE THAI-NGUYEN

Charbon de terre. — Dans cette province, on rencontre des gisements dans les collines de Dong-Hi, sur la rive gauche de Thaï-Binh. La qualité est plus grasse que celle de la houillère de Lacht-Duyen.

Cuivre. — Sur la rive droite du Thaï-Binh, à Van-Long et Daï-Tu, existent trois riches mines de cuivre exploitées autrefois par le gouvernement annamite, qui n'en extrayait que la quantité nécessaire à la fabrication de son artillerie.

Le Thaï-Binh est navigable en jonques de 1 m. 30 environ jusqu'à Thaï-Nguyen, et avec des jonques de 1 mètre, on peut remonter jusqu'à 80 lis au-dessus de Van-Lang et Daï-Tu (soit à peu près 42 kilomètres).

Zinc et plomb argentifère. — Des mines très riches existent sur la rive droite du Thaï-Binh, à Dong-Puan et Dong-Dao. Ces mines étaient exploitées par le gouvernement annamite.

PROVINCE DE NGHÉ-AN

Argent, plomb, cuivre, zinc. — Ces mines sont sans contredit les plus riches de l'Annam. Elles sont situées dans les montagnes du Khin-Nhan. On y parvient par le fleuve Song-Mô, navigable jusqu'à 30 kilomètres environ au nord-ouest de Khin-Nhan, à Ma-Moa, avec des jonques de 60 centimètres de tirant d'eau.

PROVINCE DE NINH-BINH

Cuivre. — On rencontre des mines de cuivre sur tout le parcours du Dao-Giang, depuis sa source jusqu'à sa confluence avec le Song-Mat ou Daï. Elles étaient exploitées, environ un mois tous les cinq ans, par le gouvernement annamite. L'extraction était de 1,400 à 1,500 piculs.

PARCOURS DU FLEUVE ROUGE
(Song-Koï)

Charbon de terre. — On le rencontre en énorme quantité sur la rive gauche du fleuve, à Tran-Yen.

Cuivre. — Des mines très riches existent le long des berges du Ki-Chuu-Tan, elles sont inexploitées.

Poudre d'or. — Les sables du fleuve, au-dessous de Ki-Chuu-Tan, en contiennent une grande quantité.

Fer chromé. — De vastes surfaces et placers existent entre Chuu-Tan et Kin-Kaï, de chaque côté du fleuve sur les versants des collines.

Or en pépites et en poudre. — Sur le versant est des collines des Muongs (rive droite du fleuve) existent de riches placers.

Ces placers ne sont exploités qu'à la surface par les habitants, qui trouvent de grandes quantités d'or en pépites, soit dans le quartz blanc des collines, soit dans le calcaire tendre des vallées. Ils fabriquent des objets d'ornement qu'ils échangent contre des marchandises de Luang-Prabang.

Or en pépites. — Dix-sept mines d'or très riches existent à Touen-Hia. Huit seulement sont exploitées dans le calcaire tendre et du gravier de quartz. Les produits sont dirigés sur le Quan-Sin.

Or en poudre. — On le rencontre en assez grandes quantités dans le ruisseau de Touen-Hia. Cette poudre est fondue en fils et ne sort pas du Tonkin.

On rencontre également de très riches gisements de cuivre et de zinc dans les montagnes au nord de Bac-Ninh; du plomb argentifère sur la rive droite de la rivière Noue, à 50 kilomètres de sa confluence avec le fleuve Rouge (Song-Koï).

COLONIES FRANÇAISES DE L'OCÉANIE

Nouvelle-Calédonie et Dépendances

Établissements français de l'Océanie

NOUVELLE-CALÉDONIE

ET DÉPENDANCES

NOUVELLE-CALÉDONIE

SITUATION GÉOGRAPHIQUE

La Nouvelle-Calédonie s'étend du sud-est au nord-ouest ; elle est située entre les 20° 10' et 22° 26 de latitude S. et les 164° et 167° de longitude E. Sa superficie est de 1,196,000 hectares.

Les principales dépendances sont :

1° L'île des Pins, située à 44 milles dans le sud-est de la Nouvelle-Calédonie.

Elle est en partie de formation madréporique et mesure une superficie d'environ 15,000 hectares ; ses bords sont couverts de forêts et dans la partie sud se trouve le pic N'ga, le point le plus élevé de l'île, mesurant une hauteur de 260 mètres.

2° L'archipel des Loyalty, composé des îles Maré, Lifou et Ouvéa, s'étend le long de la côte est et à 100 milles environ de la grande terre.

Ces îles, de formation madréporique et aux abords escarpés, sont couvertes de bois et contiennent de nombreux cocotiers.

Leur étendue totale est de 196,000 hectares, soit 115,000 hectares pour Lifou, 65,000 hectares pour Maré et 16,000 hectares pour Ouvéa.

Dans cette région se trouvent les îles Beaupré et Walpole.

3° Le groupe des îles Huon, situé au nord-ouest de la Nouvelle-Calédonie, à 150 milles, et entre 18° 3' 14" et 18° 28' 57" de latitude et 160° 46' 36" de longitude ; ce groupe comprend les îles Huon, Surprise, Fabre et le Leizour.

Ces îles, de peu d'importance, sont couvertes d'une végétation rachitique et sont fréquentées par des milliers d'oiseaux de mer à la présence desquels on doit des dépôts d'un engrais qui a fait l'objet d'une sérieuse exploitation.

4° Le groupe des Chesterfield, à 500 milles de la Nouvelle-Calédonie et dans le nord-ouest.

Les Chesterfield sont, comme les îles Huon, de simples îlots sur lesquels se trouvent des dépôts de guano.

5° Enfin, l'archipel des îles Wallis, situé au nord-est des îles Fidji, par 13° 18' de latitude S. et 179° de longitude O. Le groupe est formé de douze îles dont les plus grandes sont Ouvéa et Nukuatéa.

Les îles Wallis ont été définitivement placées sous le protectorat de la France par un décret du Président de la République en date du 5 avril 1887, ratifiant les traités passés avec le roi Lavelua et les chefs indigènes Apalahamo et Mauhsio le 4 novembre 1842, et le 19 novembre 1886 avec la reine Amélia.

La Nouvelle-Calédonie est l'une des îles les plus considérables de l'Océanie ; ses côtes, profondément découpées, sont entourées d'un immense récif madréporique qui tantôt s'en éloigne, tantôt s'en rapproche, mais généralement laisse entre lui et le rivage un canal assez large où la mer est assez calme ; ce canal facilite à un haut degré les relations entre les différents points de la côte. On y entre du large par des passes ou coupures naturelles de peu de largeur ouvertes dans la ceinture des récifs.

La Nouvelle-Calédonie est un pays essentiellement montagneux. Toutefois, les montagnes n'y atteignent pas une altitude élevée; les plus hautes ne dépassent pas 1,700 mètres; la moyenne de celles de l'intérieur peut être fixée à 500 mètres; celles du littoral, qui sont plutôt des ondulations de terrain, varient entre 100 et 200 mètres de hauteur.

Le long de la mer, entre les contreforts, se développent des plaines d'une certaine étendue.

La ligne de partage des eaux, dont la direction générale est sud-est — nord-ouest, est formée par une succession de massifs montagneux.

Cette ligne, appelée improprement chaîne centrale, divise l'île en deux grandes catégories, côte ouest et côte est.

L'île est admirablement arrosée par les nombreux cours d'eau qui forment presque partout des chutes ou cascades qu'on pourrait utiliser comme force motrice.

Les différents cours d'eau d'un même bassin se réunissent généralement à 15 ou 20 kilomètres du bord de la mer et forment des rivières navigables pendant plusieurs kilomètres pour les bateaux d'un faible tirant d'eau.

CLIMAT MÉTÉOROLOGIQUE

Le climat est incontestablement un des plus agréables et des plus sains des pays intertropicaux. La température varie de 13° à 20° dans la saison froide, c'est-à-dire à partir du mois d'avril jusqu'au mois de septembre, et de 22° à 38° dans la saison chaude, c'est-à-dire d'octobre à fin de mars. Mais les fortes chaleurs de cette saison sont mitigées par les brises de mer et surtout par les vents alizés du sud-est, qui règnent une grande partie de l'année.

Malgré la grande quantité de marais, il n'y a pas de fièvres paludéennes. Aucune autre fièvre ou maladie spéciale au pays n'y frappe les Européens et il est notoire qu'ils peuvent, en observant les précautions hygiéniques les plus simples, se livrer à la culture et travailler eux-mêmes la terre sans danger.

Il n'existe ni bêtes fauves, ni insectes, ni reptiles dangereux.

La Nouvelle-Calédonie n'est pas, comme beaucoup d'autres colonies, soumise à des pluies continues, commençant et finissant, pour ainsi dire, à jour fixe. Elles tombent, au contraire, d'une manière très irrégulière et sans qu'on puisse leur assigner des époques certaines. On peut dire, cependant, que les mois de septembre, d'octobre et de novembre sont généralement secs. Le temps est très pluvieux de la fin de décembre en avril, surtout lorsque le vent souffle depuis l'E.-N.-E. jusqu'à l'O.-S.-O. par le nord. Les brises sont irrégulières, variables, souvent très fortes. La côte est reçoit plus d'eau que la côte opposée.

Les ouragans, ou plutôt coups de vent, sont rares, et, en général, moins désastreux que les cyclones de la mer des Indes.

Les plus violents sévissent pendant l'hivernage, principalement en janvier et février. Ils sont précédés par un temps couvert, incertain, une chaleur accablante, et leur passage n'est indiqué que peu d'heures à l'avance par la baisse du baromètre.

AGRICULTURE

COMMERCE ET INDUSTRIE

Produits importés dans la colonie. — Produits exportés de la colonie.

MINES

Importations dans la colonie. — Vins, tissus de lin, de chanvre unis écrus, tabletterie, outils et ouvrages en métaux, viandes salées, conserves de viandes en boîtes, huiles, tissus, passementeries, lingerie cousue, eau-de-vie, liqueurs, trois-six, machines et mécaniques, meubles et objets en bois, poteries, verres et cristaux.

Exportations de la colonie. — Espèces monétaires, graine de ricin, peaux de bœuf, suif, peaux de veau, coprah, peaux de mouton, maïs, minerais de chrome, cobalt, nickel, plomb et cuivre, bêches de mer, champignons, fruits, cuivres vieux, sandal, os, cornes, haricots, gommes de kaori, café, laine, huile de coco, fibres de coco, charbon de terre, bananes, huîtres, plantes, vieux chiffons, cocos, bœuf salé, vieux zinc, écailles de tortue, crin, citrons.

Mines. — Or, cuivre, antimoine, plomb, fer, chrome, nickel, cobalt, charbon, carrières de marbre les plus divers.

Agriculture.

La culture la plus répandue est celle du maïs. Cette céréale remplace l'orge et l'avoine des pays de la zone tempérée. Le rendement du maïs, dont on peut faire deux récoltes par année dans le même champ, est de 2 à 3 tonnes à l'hectare.

Immédiatement après vient la culture des haricots, en tout semblable à celle du maïs quant au rendement et au nombre des récoltes.

Puis, le café, dont la culture tend à prendre de grands développements. La plus belle caféière de la colonie existe à Canala, sur la côte est. Un hectare de terrain peut recevoir 2,500 caféiers, qui produisent au bout de trois ans et sont en pleine production à cinq ans; le rendement varie entre 500 à 1,000 kilogrammes. Le café de la Nouvelle-Calédonie est d'excellente qualité; il n'est pas inférieur à celui de la Réunion.

Le manioc pousse en Nouvelle-Calédonie d'une façon admirable dans presque tous les terrains, pourvu qu'ils ne soient pas trop marécageux ni trop humides. Il n'est pas rare de voir dans les bonnes terres des pieds de manioc donner jusqu'à 50 kilogrammes de tubercules.

Dans certains pays on est obligé, avant de s'en servir, de lui faire subir une préparation pour lui enlever ses principes vénéneux; dans la colonie il ne contient rien de malfaisant et cette précaution est inutile. C'est un produit des plus profitables pour les colons. Simplement cuit à l'eau, il peut au besoin remplacer le pain dans les repas : râpé on en retire une fécule, le tapioca. La volaille et les bestiaux s'en nourrissent volontiers et mangent aussi les feuilles.

On ne s'explique pas que cette racine ne soit l'objet d'aucun commerce en Nouvelle-Calédonie.

Le tabac est cultivé dans plusieurs centres. Il existe une manufacture à Nouméa. Différentes espèces ont été introduites dans la colonie : le Kentucky, le Sumatra, le Java, le Virginie, le Manille, le Violette ; les deux qualités que la régie tire du sol de la métropole ont été essayées avec succès.

La canne à sucre est cultivée par les indigènes qui s'en servent comme plante alimentaire. Les Européens ont tenté des essais dont les résultats ne permettent pas encore de donner une opinion définitive sur l'avenir réservé à cette culture. Cependant les deux usines de Koé et de Bourail, qui fonctionnent entre les mains de l'administration pénitentiaire, ont acquis une certaine importance ; elles sont alimentées en cannes par les plantations des concessionnaires d'origine pénale.

Enfin, le coton, le riz, la vanille, l'indigo, les légumes d'Europe, les fourrages, luzerne, sainfoin, trèfle, les cultures oléagineuses : cocos, noix de bancoul, ricin, arachides et tous les fruits des pays intertropicaux réussissent à des degrés différents.

Commerce et Industrie

Il n'y a qu'un port de commerce en Nouvelle-Calédonie, celui de Nouméa.

C'est là qu'arrivent toutes les marchandises d'importation; c'est de là que partent les divers produits de la colonie.

Les ports d'Ourail, Bourail, Pam et Canala, sur la côte, sont de simples ports d'escale et servent uniquement à l'échange des marchandises venant de Nouméa contre les produits de l'intérieur.

Il en est de même des ports des îles Loyalty et des Nouvelles-Hébrides.

Le commerce entre la France et la Nouvelle-Calédonie se fait à crédit et à 90 jours, à compter de l'embarquement des marchandises.

Il y a une quinzaine d'années le commerce anglais était prépondérant grâce au voisinage de l'Australie, et la plupart des grandes maisons de Nouméa étaient de nationalité étrangère.

La situation s'est beaucoup modifiée et, depuis cette époque, depuis surtout que l'ouverture de la ligne des Messageries maritimes a mis la Nouvelle-Calédonie en relations directes et rapides avec la France, un grand courant d'affaires s'est créé et le commerce national est aujourd'hui prépondérant.

Malgré les différentes crises que la Nouvelle-Calédonie a dû traverser, le commerce est prospère.

Les éléments de cette prospérité sont la colonisation libre, et tout particulièrement l'industrie minière, la colonisation pénale qui chaque année dépense des sommes considérables dans la colonie. Cette prospérité pourrait augmenter dans de grandes proportions si certaines conditions étaient remplies. Ces conditions sont l'augmentation de l'immigration libre, le maintien de la transportation et l'emploi plus judicieux de la main-d'œuvre dont elle dispose, le développement de l'industrie minière, la création de communications régulières entre la Nouvelle-Calédonie et la Nouvelle-Zélande, la Nouvelle-Calédonie et Tahiti et les divers archipels de l'Océanie, enfin l'exécution de travaux importants à Nouméa, tels que wharfs, bassin de radoub, moyens rapides de chargement et de déchargement, etc.

L'un des éléments les plus certains de la richesse commerciale de la Nouvelle-Calédonie sera, dans un avenir rapproché, le charbon de terre, dont on a découvert des gisements importants. Des travaux de recherches sont exécutés depuis trois ou quatre ans sur la côte ouest de la colonie, et l'on a déjà extrait des Portes-de-Fer, de Moindou et de Voh des quantités de houille suffisantes pour l'expérimentation : le charbon essayé tant par les navires de guerre de la station locale que par les paquebots des Messageries maritimes, a été reconnu au moins égal, sinon supérieur à celui de Newcastle (Australie), qui est seul actuellement consommé dans la colonie.

En dehors de l'industrie minière, qui tend à prendre de sérieux développements, l'élève du gros bétail a été jusqu'à ce jour la ressource la plus sérieuse des colons, qui pratiquent en même temps l'élève du mouton, du porc, de la chèvre, de la volaille, etc. L'écoulement de tous ces produits est facile et rémunérateur.

Quelques colons ont commencé à s'occuper de la reproduction de la race chevaline qui réussit très bien : c'est l'Australie qui approvisionne encore la colonie des chevaux dont elle a besoin, mais un certain nombre d'éleveurs sont déjà en mesure de pourvoir, en partie, aux besoins du pays, et les produits qu'ils ont obtenus sont assez satisfaisants pour démontrer que la race chevaline calédonienne ne sera en rien inférieure à celle de nos voisins les Australiens

Mines.

Au point de vue géologique la colonie peut se diviser en trois grandes régions :

1° Une grande formation serpentineuse constituant la masse générale de l'île;

2° Des terrains cristallins et des terrains anciens au N. et au N.-E.;

3° Des couches métamorphiques et des terrains sédimentaires plus récents affectés par d'importantes éruptions de mélaphyres sur la côte O. et S.-O.

La région serpentineuse occupe toute la largeur de l'île, depuis l'extrémité méridionale jusqu'au milieu environ de sa longueur, à l'exception d'une bande s'étendant le long de la côte O. jusqu'au pied du Mont-Dore et d'importantes bandes de terrains anciens et de terrains cristallins qui courent dans le sens de la longueur de l'île. Au nord les serpentines s'enfoncent sous les terrains anciens, montrant par place quelques pointements comme à Oégoa ou au cap Devert, etc.

Les micaschistes et talcschistes s'étendent sur toute la pointe N.-E. de l'île, ils apparaissent entre Hyenghène et Pamié et suivent le littoral jusqu'au nord, formant la chaîne qui sépare le Diahot de la mer.

Les schistes ardoisiers apparaissent au milieu des micaschistes. Plusieurs bandes remarquables de calcaires cristallins sont intercalées dans les schistes ardoisiers.

Chacune de ces trois régions présente un intérêt particulier au point de vue minier.

L'or, le cuivre, l'antimoine et le plomb se rencontrent dans les terrains anciens du nord.

Le fer, le chrome, le nickel, le cobalt, dans les serpentines.

Dans les terrains plus récents de la côte O. on trouve le charbon; on y rencontre aussi différentes variétés de calcaire, des argiles et du gypse.

ÉTABLISSEMENTS FRANÇAIS

DE L'OCÉANIE

ÉTABLISSEMENTS FRANÇAIS DE L'OCÉANIE

SITUATION GÉOGRAPHIQUE

Les établissements français de l'Océanie comprennent :

Les îles de TAÏTI et de MOOREA ;

Les archipels des MARQUISES, des TUAMOTU et des GAMBIER ;

Les îles TUBUAI, RAIVAVAE, RAPA, RURUTU et RIMATARA ;

Les îles sous le vent de Taïti (HUAHINE, RAIATEA, BORABORA et dépendances).

Taïti est comprise entre 17° 29' 30" et 17° 47' de latitude S. et 151° 29' 53" et 151° 50' de longitude O. ; elle est formée de deux presqu'îles réunies par un isthme de 2,200 mètres de largeur, dont la plus grande hauteur au-dessus du niveau de la mer est de 11 mètres, au point où se trouve le fort de Taravao.

La forme de la grande presqu'île est à peu près ronde ; celle de la petite est ovoïde.

Un récif de corail les entoure presque partout ; il n'est interrompu que de la pointe Vénus à Tiarei, ainsi qu'au sud-est de la petite presqu'île.

Très accidentée, couverte de hautes montagnes volcaniques, dont les plus élevées sont l'Orohena (2,237 mètres) et l'Aorai (2,063 mètres), Taïti présente sur les bords de la mer, en certains points, surtout à l'ouest et au sud de la grande presqu'île, une bande de terre fertile, reposant sur les coraux, dont la largeur, souvent très faible, atteint cependant quelquefois trois kilomètres.

L'île est arrosée par de nombreuses rivières qui contribuent à la fertiliser et parfois deviennent des torrents dangereux à la saison des pluies. Les plus remarquables sont la Fautaua, qui se jette dans la mer un peu à l'est de Papeete ; la rivière de Papenoo, dans le district du même nom ; le Punaruu, dans le district du Punaaula ; le Taharuu, à Atimaono ; le Vaitepiha, à Tautira.

Dans le district de Mataiea, au sud de la grande presqu'île, à 432 mètres au-dessus du niveau de la mer, se trouve le lac de Vaihiria, d'une largeur de 500 mètres environ, entouré de hautes montagnes. L'eau y est froide et profonde, sans écoulement apparent vers la mer.

Papeete est le chef-lieu de Taïti et du gouvernement.

Les autres ports sont ceux de Papeuriri (district de Mataiea), de Tautira, de Puea, de Hitiaa. On trouve encore, à l'ouest de la pointe Vénus, la baie de Matavai, où abordèrent les premiers navigateurs ; et enfin à Taravao, le port Phaéton, d'un accès peu facile pour les bâtiments à voiles.

L'étendue de Taïti est de 101,213 hectares, dont 79,483 pour l'île proprement dite, et 21,730 pour la presqu'île.

Le périmètre total est de 181 kilomètres, savoir 110 pour Taïti et 72 pour la presqu'île.

CLIMAT, MÉTÉOROLOGIE.

L'île de Taïti est renommée depuis longtemps pour la salubrité de son climat; la température, toujours assez élevée, n'éprouve généralement pas de brusques variations pendant le jour; mais les matinées y sont quelquefois très fraîches. Les plus grandes chaleurs coïncident avec la saison des pluies et se manifestent de janvier à avril; le thermomètre atteint alors à l'ombre jusqu'à 32° centigrades.

A partir du mois de mai, la température commence à baisser et le minimum se produit de juin à octobre, sans descendre cependant au-dessous de 16° pendant la nuit; elle s'élève vers les premiers jours de novembre.

Des expériences nombreuses faites à Papeete ont permis de constater que, si les pluies contribuent à l'abaissement de la température, les vents diurnes n'exercent aucune influence sur le thermomètre, quelle que soit d'ailleurs leur direction. Mais on ne saurait en dire autant de la brise de terre ou *hupe*, qui s'élève le soir et souffle pendant la nuit. Cette brise se fait souvent sentir de minuit à six heures du matin, et c'est alors que le thermomètre accuse le minimum de température.

A proprement parler, il n'y a pas, à Taïti, de saison absolument sèche. Néanmoins la quantité d'eau qui tombe de juin à octobre est tellement faible, si on veut la comparer aux pluies qui surviennent dans les autres mois de l'année, qu'on n'a compté que deux saisons : l'une sèche et l'autre humide. Quelques météorologistes admettaient quatre saisons intertropicales : l'hiver tropical, la saison sèche, le renouveau et la saison chaude et humide; la division en deux saisons paraît pouvoir être seule adoptée aujourd'hui.

Le climat est sensiblement le même dans tous les archipels; mais, à l'île Rapa, située plus au sud, la température est naturellement plus basse.

AGRICULTURE

COMMERCE ET INDUSTRIE

Produits importés dans la colonie. — Produits exportés de la colonie.

Cultures de la colonie. — Cotonniers, cocotiers, cannes à sucre, orangers, caféiers, tabacs, vanille, maïs, fourrages, fruits à pain, fei, patates, taro, ignames, légumes.

Importations dans la colonie. — Animaux vivants, produits et dépouilles d'animaux, pêches, farineux alimentaires, fruits et graines, denrées coloniales de consommation, sucs végétaux, bois de toute sorte, filaments à ouvrer, produits et déchets divers, métaux, produits chimiques, couleurs, compositions diverses, boissons, vitrifications, fils et tissus, papier et ses applications, matériel pour navires, meubles, ouvrages en matières diverses.

Exportations de la colonie. — Animaux vivants, produits et dépouilles d'animaux, pêches, farineux alimentaires, fruits et graines, denrées coloniales de consommation, sucs végétaux, bois communs, filaments à ouvrer, produits et déchets divers, métaux, produits chimiques, couleurs, compositions diverses, boissons, vitrifications, fils et tissus, papier et ses applications, meubles, ouvrages en matières diverses, matières dures à tailler.

Commerce et Industrie.

La pêche est de beaucoup l'industrie principale des habitants des établissements français de l'Océanie, et l'on ne saurait évaluer à moins de 60 centimes la quantité de poisson consommée par personne et par jour, ce qui, pour une population de 26,000 âmes, représente une valeur de 4 millions de francs.

La monnaie française a seule cours légal dans la colonie.

Les huîtres perlières recueillies dans les archipels des Tuamotu et des Gambier donnent en outre annuellement une quantité de 600,000 kilos de coquilles, d'une valeur de plus d'un million, sans compter les perles dont le produit atteint plusieurs centaines de mille francs.

En résumé, la production agricole, le revenu des animaux domestiques et le produit des pêches maritimes atteignent annuellement une valeur moyenne d'environ 8,250,000 francs.

Nacres et perles. — La France possède à l'archipel Tuamotu la plus vaste pêcherie qui soit au monde. Sur les quatre-vingts îles dont elle se compose il n'en est que cinq ou six ne produisant pas de perles. La pêche est complètement libre sur les gisements huîtriers, et aucun impôt n'est prélevé sur le trafic des perles.

Les îles Gambier produisent entre 250,000 et 400,000 francs de nacre par an, prix d'achat. Environ vingt goélettes, dont une seule appartient à une maison française, vont l'acheter à Mangareva, capitale du groupe. Le paiement se fait aux indigènes dans la proportion de deux tiers en argent et d'un tiers en marchandises.

Nos pêcheries océaniennes ne sont pas moins fertiles que les établissements similaires australiens. La nacre de ceux-ci est semblable, sauf comme nuance, à celle des Tuamotu et de Taïti. Cependant on ne trouve plus dans nos possessions, en même abondance, les superbes perles de la dimension de celles dont se servait jadis, pour jouer aux billes, une reine Pomaré de Taïti. Cela tient à ce que les lagons ont été abusivement exploités depuis un demi-siècle, et les beaux spécimens d'huîtres perlières y sont devenus rares.

Presque toutes les perles de Taïti vont en Amérique, en Allemagne ou en Angleterre, au grand détriment de la joaillerie française qui, à elle seule, emploie une grande partie des belles perles vendues sur les marchés européens. Il va de soi qu'elle se passerait volontiers du concours des coûteux intermédiaires auxquels elle est obligée de recourir. La sujétion à laquelle elle est soumise est d'autant plus regrettable que les perles de Taïti, d'une beauté hors ligne, sont en ce moment très goûtées et très en honneur.

On s'est demandé quelles mesures il conviendrait de prendre pour détourner le commerce des perles à notre profit et soustraire l'industrie française, pour ce qui est des perles de Taïti du moins, à la dépendance des étrangers. M. Mariot, ancien résident aux Tuamotu, a proposé un système qui mérite d'être signalé : « Je pense, disait-il, qu'on ferait facilement prendre aux perles le chemin de Paris en créant aux Tuamotu une succursale de la Caisse agricole de Taïti, qui payerait aux propriétaires des perles le quart de la valeur estimée avec des balances et un bon tarif, la différence étant rendue, moins un tant pour cent pour les frais généraux, lors de l'avis de vente de Paris. »

Ce procédé mériterait d'être examiné et étudié avec soin. Nos grands négociants en perles et les grandes maisons de joaillerie y trouveraient peut-être l'idée de la formation d'un syndicat et de la création d'un puissant comptoir d'achat aux Tuamotu. Les perles, il est vrai, ne se sont jamais mieux vendues en Océanie qu'en ce moment. Une perle médiocre s'y achète plus cher qu'en Europe et qu'en Amérique, par cette raison que les détenteurs de perles de haut prix écoulent, à la faveur de ces dernières, des lots de grenailles et de semences sans valeur comme sans apparence.

PORTS OUVERTS AU COMMERCE

1. Papeete.............	Taïti	7. Papetoai............	Moorea.
2. Port-Phaëton..........	d°	8. Rotoava (Fakarava)....	Tuamotu.
3. Papeuriri..............	d°	9. Mangareva..........	Gambier.
4. Pueu..............	d°	10. Tubuai............	Tubuai.
5. Papeari.............	d°	11. Taïohae (Nukahiva)....	Marquises.
6. Vairao.............			

(Arrêté du 11 août 1866. — Décisions des 29 septembre 1871 et 9 avril 1872. — Ordre du 8 mai 1872.)

TABLE DES MATIÈRES

TABLE DES MATIÈRES

PARIS. — IMP. A. LANIER ET SES FILS

11, RUE SÉGUIER, 11

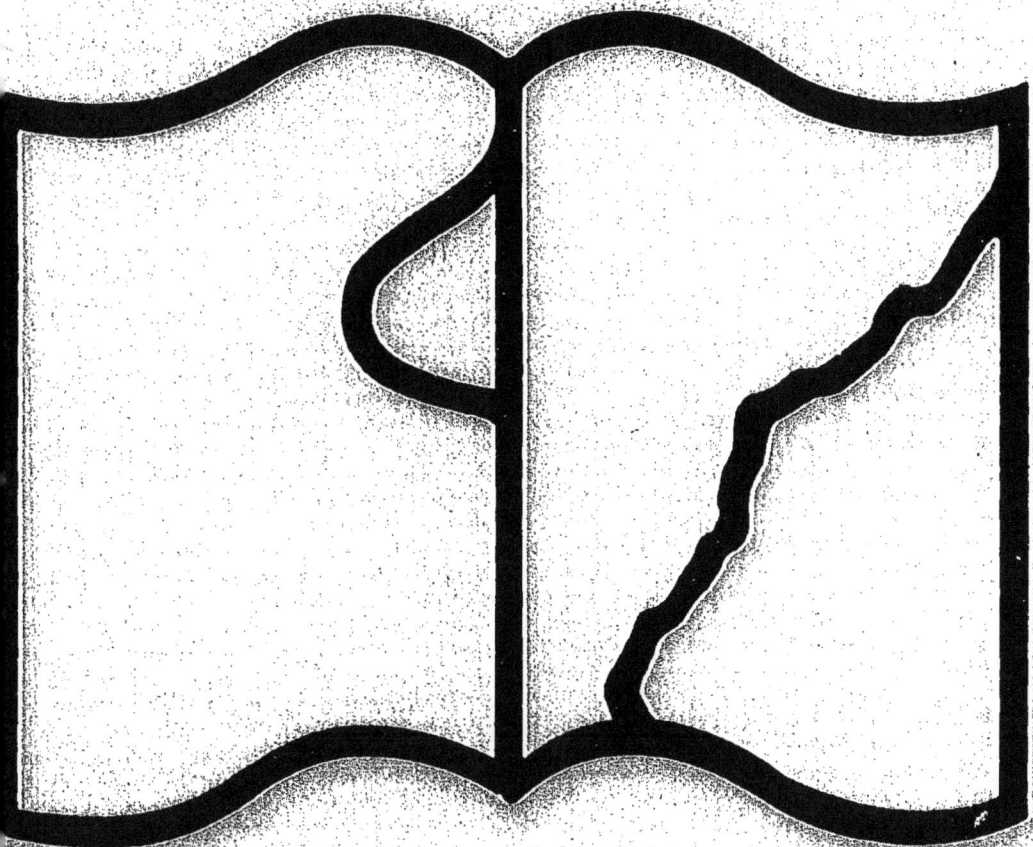

Texte détérioré — reliure défectueuse

NF Z 43-120-11

www.ingramcontent.com/pod-product-compliance
Lightning Source LLC
Chambersburg PA
CBHW072101080426
42733CB00010B/2184